潜能归来

谢　普◎编著

吉林出版集团股份有限公司

图书在版编目（CIP）数据

潜能归来 / 谢普编著 . -- 长春 : 吉林出版集团股
份有限公司 , 2024. 9. -- ISBN 978-7-5731-5874-1

Ⅰ . C963-49

中国国家版本馆 CIP 数据核字第 2024A86H58 号

QIANNENG GUILAI

潜能归来

编　　著：	谢　普
出版策划：	崔文辉
责任编辑：	姜婷婷
出　　版：	吉林出版集团股份有限公司
	（长春市福祉大路 5788 号，邮政编码：130118 ）
发　　行：	吉林出版集团译文图书经营有限公司
	（ http: //shop34896900.taobao.com ）
电　　话：	总编办 0431-81629909　营销部 0431-81629880 / 81629900
印　　刷：	天津海德伟业印务有限公司
开　　本：	640mm×910mm　1/16
印　　张：	10
字　　数：	130 千字
版　　次：	2024 年 9 月第 1 版
印　　次：	2024 年 9 月第 1 次印刷
书　　号：	ISBN 978-7-5731-5874-1
定　　价：	59.00 元

印装错误请与承印厂联系　电话：022-29937888

前言

为什么你明明很努力，却还是成绩平平？

为什么那个能力不如你的人，周围总有一帮人助他成功？

我们经常羡慕那些在各个领域取得辉煌成就的人，渴望自己有一天也能站在舞台中央。

但我们大多数人的一生都是平淡的，不是所有人都能创造出辉煌的成就。但这并不代表我们就不能创造奇迹，而是我们没有完全发挥出自己的潜能。

每个人身上都有各自的潜能，大部分的潜能都处在睡眠状态，就像是一座未经开发的宝藏，一旦我们将它唤醒，它将产生不可思议的力量，创造奇迹便是轻而易举的事情。因为一个人的潜能蕴含着巨大的创造力。

就如很多失败者，他们有的在做事前就已经动摇信念，不认为自己可以成功；有的对自己没有信心，遇到挫折就开始放弃；有的不敢面对失败，从而一蹶不振，无法翻身；有的临近成功却无法坚持，最终成为失败的代言。

有些人之所以未能如愿，理由就是因为他们认为要做的事情根本不行，这无疑是对自己的否定，然而我们要知道，人的潜能是无限的。

数千年来，人类便一直认为要四分钟内跑完一英里是件不可能的事，但是在 1954 年，罗杰·班尼斯特却打破了这个信念障碍。他之所以能创造这项佳绩，一来归功于体能上的苦练，二来得力于精神上的突破。在此之前，他曾经在脑海中多次模拟以四分钟时间跑完一英里，长久下来便形成极为强烈的信念，因而对神经系统有如下了一道绝对命令，必须全力完成这项使命，果然，他做到了大家都认为不可能的事。

谁也没想到班尼斯特的破纪录，却给其他的运动员带来无比的影响，在此之前没有一个人打破四分钟跑完一英里的纪录，可是在随后的一年里竟然有三十七个人进榜，而再后面的一年里更高达三百人之多。而如今，四分钟以内跑完一英里的人更是大有人在，四分钟不再是一个高不可攀的门槛。这就说明了我们的潜能是无限的，潜能是需要不断开发的。

人们常常错误地认为，只要更勤奋、更高效地工作，就能提升自己的竞争力，发挥自己的超级潜能。其实，成功也取决于你和他人合作的能力。就像幸福具有传染性一样，人类潜能的各个方面，例如智力、创造力、领导力、能力和健康等等，都会受到周围人的影响。

不过很多人因为对自身能力自我设限，或者因为曾经失败过，就会对未来也不敢寄望会成功。一个渴望成功的人，必须对自己高看一眼，必须高度自我评价，必须对自己充满信心，相信自己能行，而积极的自我认识给我们带来的不但是无穷的精神力量，还能够无形中激发我们的潜能，从而让我们突破自我，跨上新的高度。

无论你身在何处，无论你从事什么职业，无论你在人生的哪个阶段，如果你正为实现自己的理想困惑着，你不妨翻翻这本书，或许能给你带来一线希望、一缕光明，帮你迅速找到创造人生奇迹的捷径。

目 录

01

第一章

你永远不知道自己的潜能有多大

每个人身上都有自己看不到的能量，我们很多人之所以不能够突破自我和现状，就是因为没有将这种潜力发挥出来。有的人甚至都不知道自己有这样的潜力。所以，想要释放自己的潜能就必须找到自己的潜能，这是解决一切问题的前提。

每个人身上都有无限潜能

潜能犹如一座待开发的金矿，蕴藏无穷，价值无比，而我们每个人都有一座潜能金矿。

每个人都蕴藏着巨大的潜能。由于外界条件的限制，人们的潜能大都没有开发出来，犹如一座未被开发的金矿。据科学家研究，人的大脑蕴藏着巨大的潜力。一个人大脑中的神经细胞高达一百五十亿左右。人每天能记录生活中大约八千六百万条信息。可以容纳相当于五亿册书的知识总量。目前，人的一生只用了自身自学能力的百分之一，只利用自己智力潜力的五分之一到四分之一。

苏联著名学者与作家叶夫雷夫曾指出：当现代科学使我们对人脑结构和功能有一定了解时，我们立刻为它的潜力之大而震惊万分。在通常的工作生活条件下，人只运用了思维工具的一小部分。如果我们能迫使头脑开出一半马力，我们就会毫不费力地学会 40 种语言，把苏联百科全书从头到尾背下来，完成几十个大学的必修课程。

美国著名的神经语言学家罗宾说："一个人自身的潜能犹如沉寂的火山，一旦被叩醒，便会产生出所向披靡的骇人力量。"

史蒂芬·霍金是一位享誉全球的物理学家，他的故事充分展示了一个人内在潜能的巨大力量。

霍金在年轻时被诊断出患有肌肉萎缩侧索硬化症（ALS），这是一种无法治愈的神经退行性疾病，预后通常很差。然而，面对这种疾病，霍金并没有放弃，而是毅然决然地决定将他的潜能发挥到极致。尽管他的身体逐渐失去了活动能力，但他的大脑却依然充满活力。他通过思考和理论计算，在物理学领域取得了众多突破性的成果，尤其是关于黑洞和宇宙起源的研究，成为世界物理学界的泰斗和偶像。

霍金的故事告诉我们，即使面对最艰难的挑战，内在的潜能也能够被激发出来，创造出惊人的成就。他的坚持和勇气激励了无数人，让我们相信，每个人内在的力量都是无穷的，只要敢于追求，就能够创造奇迹。

著名心理学家詹姆斯说："我们只不过清醒了一半。我们只运用了身体上和精神上的一小部分资源，未开发的地方很多很多，我们有许多能力都被习惯性地糟蹋掉了。"我们每个人身上都蕴藏着巨大的潜能，可是，大多数情况下，我们不知道如何去开发。有些人一生碌碌无为，自叹命运不济，殊不知他的命运就掌握在自己手中，他之所以一事无成，是因为他的潜能没有得到开发。

人人都希望自己一帆风顺，然而，平静安逸的生活最容易埋没我们的潜能。相反，困境与危机往往能激发我们的潜能。

汤姆是一个普通的上班族，过着平凡的生活。他总是觉得自己的生活缺少一些什么，但却不知道该如何改变。他的工作平淡无奇，生活乏味，总是感到厌倦和沮丧。

然而，有一天，汤姆意识到了詹姆斯所说的话的意义。他开始反思自己的生活，寻找自己的潜能。经过一段时间的思考和探索，他发现自己对摄影有着浓厚的兴趣，并且拥有一定的天赋。于是，他决定辞去平凡的工作，全身心投入摄影事业。

起初，汤姆面临着许多困难和挑战。他的摄影作品并不为人们所认可，经济压力也让他陷入了困境。但是，他并没有放弃，而是坚持不懈地努力学习和提高自己的技术。通过不断的实践和探索，他逐渐获得了进步，他的作品开始受到人们的关注和赞赏。

最终，汤姆成了一名备受推崇的摄影师，他的作品为国内外的展览和比赛所接受，并赢得了许多奖项。他的转变不仅改变了他自己的命运，也启示了其他人，潜能的开发可以改变一个人的生活轨迹，让他们实现自己的梦想和目标。

其实，我们每个人都是天才，这并非夸大其词。我们每个人身上都蕴藏着无限潜能，但是这些巨大潜能都处于沉睡状态，远远没有得到开发、利用。在生活中，我们经常听到一些人怀疑自己的能力，遇到一点挫折就灰心丧气，就觉得自己不是做这一行的料。其实，不是你不是那一块料，而是你没有挖掘出你身上巨大的潜能。只要努力，你也完全可以成功的。成功并不是什么难事，只要行动，就有收获；只有坚持，才有奇迹。

潜能来源于竞争

每个人的潜能都是无限的，并且有许多潜能尚未发挥。我们可以通过竞争对手来提升我们的危机意识，激发我们的潜能。

孟子说："生于忧患，死于安乐。"现代社会是一个充满竞争的社会，不论何时何地都存在着竞争。面对诸多的竞争对手，我们便产生了危机意识和紧迫感，也就是孟子所说的"忧患"，正是这种意识才使我们不断进取，取得更好的成就。

然而，在现实生活中，许多人把竞争对手看作心腹大患、异己、眼中钉、肉中刺，恨不得马上除之而后快。其实，这种观点是错误的，竞争对手是你成功的帮手，有了对手，你才会有危机感，才会有竞争力，你才会奋发图强，不得不革故鼎新，锐意进取。否则，你只有被社会淘汰。

非洲草原上曾生活着一种鹿，世代处于狼群的威胁之下，擅长奔跑，健壮无比。后来人们为了保护它，将狼清除出草原。始料不及的是，鹿从此懒散起来，在无忧无虑中患起富贵病，整个种群渐渐退化。

有一种豺狼哲学：没有了豺狼，老弱病残的动物会太多，以致形成流行疾病；没有了豺狼，吃草的动物会太多，以致动植物不均衡。正是有了豺狼这个强大的对手，动物界才能生机勃勃，不断地淘汰老弱病残，维持良好的生态平衡。豺狼使普通的动物树立了一定的危机意识，要想生存，要想不被豺狼吃掉，就要不断增强躲避豺狼的能力。

挪威人在海上捕得沙丁鱼后，如果能让其活着抵港，卖价就会比死鱼高好几倍。但只有一只渔船能成功地带活鱼回港。该船长严守成功秘密，直到他死后，人们打开他的鱼槽，才发现只不过是多了一条鲶鱼。原来鲶鱼在被装入鱼槽后，由于环境陌生，就会四处游动，而沙丁鱼发现这一异己分子后，也会紧张起来，加速游动，如此一来，沙丁鱼便活着回到港口。这就是所谓的"鲶鱼效应"。

运用这一效应，通过个体的"中途介入"，对群体起到竞争作用，它符合人才管理的运行机制。这种方法能够使人产生危机感，从而更好地工作。

动物没有竞争对手，也就没有了野性；一个人没有竞争对手，就会自甘平庸与堕落；一个群体如果没有竞争对手，就会因过度安逸而丧失活力；一个行业如果没有竞争对手，就会丧失革新的动力，安于现状而逐渐走向衰亡。

因此，我们要善待对手，千万不要把对手当成"敌人"，而应该把他当作你前进的动力。真正促使你成功、让你坚持到底的，正是那些可以使你受挫折、受打击的对手。

竞争对手就是我们的一面镜子。好多人没有自知之明，狂妄自大，竞争对手却让我们看清了自己。

有这样一个寓言故事：一只猴子偶然得到一面镜子，它拿在手里左照右看，并不知道镜子里的猴子就是自己，它踢踢身边的黑熊说："老兄，你快瞧瞧，你瞧瞧里面这个丑八怪，你瞧，它还做鬼脸呢，还活蹦乱跳呢。不过，我不得不说，我们猴子家族中，这样装腔作势的丑八怪还着实不少呢，我都能把它们的名字一个个数出来给你听！"它自负地接着说，"不过，也没有那个必要，反正我不像它就是了。如果我有一丁点儿跟它相像，我真要愁得不知道如何去死了！"黑熊懒洋洋地抬起眼皮，看了一眼自以为是的猴子，不屑地讽刺道："老兄，镜子里正是你自己，别再笑话别人了，回过头来看看自己的丑态吧！"猴子傻眼了，它说什么也不相信自己竟是这副嘴脸！

猴子手握镜子却无法看清自己，说明它缺少自知之明。现实生活中，如同故事里猴子一样看不清自己、看不清身边同类的人大有人在。竞争对手就在眼前，他们的一举一动，你历历在目。

一个强劲的对手，会让你时刻有种危机四伏感，它会激发起你更加旺盛的精神和斗志。善待你的对手，千万别把他当成"敌人"，而应该把他当作你的一剂强心针、一台推进器、一条警策鞭。善待你的对手，因为他的存在，你才会永远是"一条鲜活的沙丁鱼"。

法国化学家普鲁思特和贝索勒为探讨定必定律，从 1799 年至 1808 年，争吵了 9 年。最后普鲁思特证明了定必定律，成为胜利者。但是，他没有因此而趾高气扬，而是感谢对手的质难，正是对手的质难才促使他深入地研究下去。他认为发现这条定律，应该有贝索勒一半的功劳。而贝索勒也为对方发现真理而高兴，写信向普鲁思特祝贺。

有竞争，就免不了有输赢。即使你在竞争中失败了，也不要怨恨对手，而要把对手当作你的良师益友，虚心向他学习。学习他的长处，反思他的不足，不让自己犯同样的错误；更不要置对手于死地，现代竞争是一种高级商战，我们必须要学会更理智更高明的竞争方法，认真研究对手，进而超越对手，要以柔克刚，少搞针锋相对，这才是功力。

你一定要记得，胜负乃兵家常事。一时的失败不代表你永远的失败，你可以取人之长，补己之短，有朝一日东山再起。

是竞争对手激发我们的潜能，使我们走向成功。我们的成功离不开竞争对手的陪伴和激励。只有不断让自己的实力更雄厚，勇敢地参与各项竞争，才能立于不败之地。

有时候挫折也能激发出你的潜能

换一个心境来面对挫折，你就会发现挫折不是你的绊脚石，而是你成功的加速器，是挫折成就了你。

一个人要想获得成功，必定要经过很多挫折和磨难。困难和挫折是开发我们潜能的催化剂。

一个人在身处顺境时，尤其是在春风得意时，一般很难看到自身的不足和弱点。唯有在遇到挫折后，他才会反省自身，弄清自己的弱点和不足，以及自己的理想、需要同现实的距离，这就为我们克服自身的弱点和不足、调整自己的理想和需要提供了最基本的条件。所以，挫折是人生的催熟剂，经历挫折、忍受挫折是人生修养的一门必修课程。

草地上有一只蛹，被一个小孩儿发现带回了家。过了几天，蛹上出现了一个小裂缝，里面的蝴蝶挣扎了好长时间，身子似乎被卡住了，一直出不来。天真的孩子看到蛹里的蝴蝶痛苦挣扎的样子十分不忍，于是拿起剪刀将蛹壳剪开，帮蝴蝶破茧而出。然而，这只蝴蝶由于没有经过破蛹前必须经历的痛苦挣扎，以至于出壳后身躯臃肿，翅膀干瘪，根本飞不起来，不久就死了，当然快乐也随之消失了。这个故事告诉我们，要想得到快乐，就必须能够承受痛苦和挫折，苦难是对人的磨炼，也是一个人成长的必经之路。

我们在日常的工作和生活中，总是会有坎坷的，任何一个人在成长的道路上，都会遇到这样那样的困难和挫折。我们不要逃避挫折，挫折有可能是我们命运转机的枢纽。

挫折是我们每个人成长的必经之路，未经历挫折的人生是不完美的人生。有句名言说得好："如果你想一生摆脱苦难，你或者是神或者是死尸。"这句话形象地说明了挫折是伴随着人生的，是谁都逃不掉的。我们能够做到的，只是如何减少、避免那些自身的原因所造成的挫折，而在遇到痛苦和挫折之后，则力求化解痛苦，力争幸福。我们要知道，痛苦和挫折是双重性的，它既是我们人生中难以完全避免的，也是我们在争取成功时，不可缺少的一种动力。

春秋时代，吴越交战，越国失败。越王勾践只好"卑辞厚礼"向吴求和，等待东山再起。勾践先用美女、金银珠宝贿赂吴王和众臣，还用妻子作人质，自己为吴王当马夫。勾践还为吴王送茶送饭，端屎端尿，终于赢得了吴王信任，得以被释放。勾践死里逃生回国后，卧薪尝胆，一面继续进贡吴国，一面聚兵训练。经过十年的积聚，越国终于由弱国变成强国，最后打败了吴国，吴王羞愧自杀。越王勾践最终实现灭吴的大业，成为春秋最后一个霸主。

勾践灭吴的故事告诉我们：我们千万不要害怕挫折，而应该感谢挫折，因为没有经受挫折的洗礼，我们难以成功。正是因为挫折多了，所以我们的意志才会更加坚定，对人生的理解才会更加深刻，我们的潜能才会发挥得更好。

任何成功都包含着失败和挫折，每一次失败都是通向成功的台阶。成功与失败并没有绝对不可跨越的界限，成功是失败的尽头，失败是成功的黎明。挫折的次数愈多，成功的机会亦会愈近。成功往往是最后一分钟来访的客人，成功与失败的差距只在完全做对一件事情和几乎做对一件事情的时候来临的。

明初著名的文学家宋濂，在他年轻的时候，因为家里穷，没有钱买书，就向有藏书的人家借，在冬天，他的手指冻得不能屈伸，但他还是继续抄写书中的内容，并依时归还给别人。后来他又冒着严寒，长途跋涉，不顾双脚的皮肤皲裂疼痛向老师请教。最后宋濂成了文学家，他的成就是离不开他勇于面对挫折、坚强不屈的精神。

挫折是一种挑战和考验，在挫折面前人们的精神比较专注，人们的潜能因受到刺激而得到发挥。可以这么说：正是挫折和教训才使我们变得聪明和成熟，正是失败本身才最终造就了成功。所以，对于我们来说，没什么逾越不了的。只要我们能够战胜自己就可以战胜挫折。我们最大的敌人就是我们自己。

挫折在人的一生中是不可避免的，不要哀叹自己为什么那么倒霉，总要遇到不如意或是失败，其实每个人都会遇到挫折，只是大小不同而已。做任何事情要想获得成功，必须得付出代价，而遇到挫折和失败是所付出的代价的一部分。遇到失败或是挫折并不可怕，关键的是如何对待挫折，不能一遇到挫折就心灰意冷、一蹶不振。人生如果仅求两点一线的一帆风顺，生命也就失去了存在的魅力。把每一天的失败都归结为一次尝试，不去自卑；把每一次的成功都想成一种幸运，不去自傲。

遇到坎坷、挫折时，不悲观失望，不长吁短叹，不停滞不前，把它作为人生中一次历练，把它看成人生成长中的一种常态，这将助你更好地谱写出自己人生的精彩。人生必有坎坷和挫折。挫折是成功的先导，不怕挫折比渴望成功更可贵。

从某方面说，挫折对我们来说是一件历练意志的好事。唯有挫折与困境，才能使一个人变得坚强，变得无敌。挫折足以燃起一个人的热情，唤醒一个人的潜力，而使他达到成功。有本领、有骨气的人，能将"失望"变为"动力"，能像蚌壳那样，将烦恼的沙砾化成珍珠。

不经历风雨，怎能见彩虹？没有失败的人生绝不是完美的人生。当你战胜失败的时候，你会对成功有更深一层的感悟。就是在这样一次次的感悟中，你走出了一个完美的人生。

　　大海里没有礁石激不起浪花，生活中经不住挫折成不了强者，身处困境创造奇迹的例子并不在少数。挫折会带来痛苦和损失，亦会让人在承担挫折的过程中得到磨炼和奋起。正所谓"自古英才多磨难"，挫折在那些成功的人面前，成了人生的阳光，折射能使阳光美丽起来，挫折也会使人生美丽起来。

暗示自己"我一定行"

个人的自我暗示中蕴藏着一笔很大的财富，是一笔极大的资本。你在立身行事时，要不断地暗示自己一定会成功，会获得发展、进步。

自我暗示是人的心理活动中的意识思想的发生部分与潜意识的行动部分之间的沟通媒介。自我暗示给予人一种启示和提醒，它会告诉你应该注意什么、追求什么、致力于什么和怎样行动。可以这么说：自我暗示能支配、影响一个人的行为。这是每个人都拥有的一个看不见的法宝。

在生活中，我们每个人都时刻进行着自我暗示活动。自我暗示是一把双刃剑，它既可以使人产生积极的力量，也可以使人产生消极的力量。积极善意的心态，往往使人产生积极的暗示，积极的暗示使人产生战胜困难的勇气，给人不断进取的力量；反之，消极恶劣的心态，则会使他人受到消极暗示的影响，变得冷淡、泄气、退缩、萎靡不振等。

所以，我们一定要给予自己积极的暗示，避免消极的暗示。积极的自我暗示是对自己的肯定，是对某种事物的有力、积极的叙述，这是一种使我们正在想象的事物坚定和持久的表达方式。在工作或生活中，我们要多进行肯定的练习，这样能让我们开始用一些更积极的思想和概念来替代我们过去陈旧的、否定性的思维模式。这是一种突破自我、创造奇迹的技巧，一种能在短时间内改变我们对生活的态度和期望的技巧。

只要掌握了自我暗示的原则，不管是谁都可登上意想不到的成就高峰。有一首诗形象地描绘了自我暗示的力量：

如果你"认为"自己会败，你已败了。

如果你"认为"自己不敢，你是不敢。

如果你想赢却"认为"赢不了，几乎可以断定你与胜利无缘。

如果你"认为"自己会输，你已输了。

成功始于人之"意志"，一切取决于"心念"之间。不要忽视"心念"的力量。心念决定你的成败。如果你"认为"自己落后，你就需要拥有登高的"意念"，只有你相信自己能够登高，你才能获得成功。人生战役非总偏向，力量较强或速度较快者，迟早证明胜利归于——"自认"会赢的勇者。

一个人要想取得成功，首先要有明确的目标。可往往好多人没有自己的目标，而自我暗示，可以帮助我们寻找适合的目标，并让我们在改变自己的同时，释放自己的潜能。

威廉·丹佛斯是布瑞纳公司的总经理，据说他小时候长得瘦小羸弱，而且志向不高，因为，他每当面对自己瘦小的身体，信心就完全丧失了，甚至心中还经常感到不安，直到有一天，他遇见了一位好老师，人生观才从此改变。

上课的第一天，老师便把威廉找来，对他说："威廉，我从你的自我介绍发现，你有一个错误的观念，你认为你很软弱，那么你就会变得越来越软弱，让老师告诉你，其实你是一个非常强壮的孩子。"小威廉听到老师这么一说，惊讶地回道："是吗？怎么可能呢？我怎么可能是强壮的孩子？"老师笑着说："当然是喽！来，你站到我面前，并听着老师的指示。"

"你看看你的站姿，从中就可以看出，在你心中只想着自己瘦小的一面，来，仔细听老师的话！从现在开始，你脑海里要想着'我很强壮'，接着做收腹、挺胸的动作，想象自己很强壮，也相信自己任何事都能做到，只要你真的去做，也鼓起勇气去行动，很快地，你就会像个男子汉一样！"

小威廉跟着老师的话做完一次，全身忽然间充满了力量。威廉到了80多岁的高龄，依然活力十足，因为他一直遵行着老师的教诲，数十年来从未间断，每当人们遇到他时，他总是声音饱满，想着站直一点，像个大丈夫一样。

这就是自我暗示的力量，它给予小威廉正面积极的意识，使他改变了自卑消极的想法，最终成为一个健康的人。自我暗示在改变自己的同时，可以更加了解自己，也对自己更具信心。就像故事里的小威廉，老师引导唤起了他内在的勇气与活力，让他相信，只要挺直腰，世界就已经掌握在自己的手中。唯有相信自己的无限可能，你才能真正地超越自己，看见成功的未来。

人们常说，命运就掌握在自己手中，人何以能主宰自己的命运？最恰当的说明是人可以通过自我暗示的方法，向自己的潜意识心智传达命令，传达自己所希望成为什么样的人的命令。通过自我暗示的方法，你完全可以成为你自己所希望成为的样子，这是人对自己生命主宰的最恰当、最深刻的说明。

消极的自我暗示往往会误导一个人的判断，使人丧失对生活的信心，使人生活在幻觉当中不能自拔，并做出脱离实际的事情来。消极的自我暗示还可使人对外界事物的认知形成某种心理定式，偏听误信，凭直觉办事。

据说有这样一个关于心理暗示的故事，可以让我们看到心理暗示的强大力量。

有一名叫作叶里·施耐德的医师，他每天工作都很忙碌，以致到了关键时刻常常忘记补充诊所里的药品。

有一次，施耐德正忙得焦头烂额，一名叫作卡西·力卡斯的病人走了进来。力卡斯是一个脾气暴躁的狠角色——他又高又壮，经常被职业拳击手请去做陪练。但也正因如此，力卡斯倍感压力，患有严重的偏头痛，每天都需要吃安眠药才能入睡。

刚一进门，力卡斯就急躁地敲着医生的桌子大声喊道："该死的，快给我拿一瓶安眠药！"不巧的是，施耐德发现，安眠药已经全部卖光了。但如果力卡斯没有买到安眠药，那倒霉的可就是施耐德自己了。施耐德大脑飞速思考，最终拿了一瓶没有标签的维生素片递给了力卡斯，并说道："做个好梦，先生。"

这原本是一个非常糟糕的行为，但没想到的是，凭借这瓶维生素，力卡斯依然睡了一个好觉，效果就跟吃了真的安眠药一样。由此可见，自我暗示的力量实在太大了。

许多人对自我暗示有诸多误解，他们或许会认为这是一种"画饼充饥"的行为，因而不相信。自我暗示是不会对这样的人起作用的。俗话说："心诚则灵。"这句话用在自我暗示上，再恰当不过了。你要利用自我暗示，就必须对自我暗示有绝对的信心，因为潜意识心智只接受那些你相信的指令。你如果本来就不相信，或对其持怀疑态度，自我暗示怎么会起作用呢？

不同的心理暗示必然会有不同的选择与行为，而不同的选择与行为必然会有不同的结果。有人曾说："一切的成就、一切的财富，都始于一个意念。"

人们常说："心态决定命运。"这正是以心理暗示决定行为这个事实为依据的。

积极的心理暗示必然使人抱着积极的心态，积极的心态决定了一个人的行为也是积极的。一个具有积极行为的人，取得成功不再是难事。

打开格局，不再隐藏潜能

我们的生命格局打不开，我们的潜能就会受到限制。打开生命的格局，坚定地走下去，奇迹就会来临。

命运掌握在自己手中。但你的心灵之门如果不打开，就无法改变既定的局面。打不开人生的格局，你就拿不到打开成功大门的钥匙，也改变不了你的命运。

人的心灵往往受现实诸多因素的制约和束缚，导致人不敢对既定的现状有所突破。生命的潜力是无限的，可惜我们有时把自己限制在一个小圈子里，无形中抑制了生命潜力的发挥。

有个钓者在岸边岩石上垂钓，有几名游客在欣赏海景之余，亦围观钓上岸的鱼。

只见钓者把竿子一扬，钓上了一条大鱼，约有三尺来长，落在岸上后，那条鱼仍腾跳不已。钓者冷静地用脚踩着大鱼，解下鱼嘴内的钓钩，顺手将鱼丢回海中。

围观的众人响起一阵惊呼——这么大的鱼还不能令他满意，足见钓者的雄心之大。就在众人屏息以待之际，钓者鱼竿又是一扬，这次钓上的是一条两尺长的鱼，钓者仍是不多看一眼，解下鱼钩，便将这条鱼放回海里。

第三次，随着钓者的钓竿再次扬起，只见钓线末端钩着一条不到一尺长的小鱼。

围观众人以为这条鱼也将和前面两条大鱼一样，被放回大海，却不料钓者将鱼解下后，小心地放进自己的鱼篓中。游客中有人百思不解，遂问钓者为何舍大鱼而留小鱼。

钓者回答："喔，那是因为我家里最大的盘子只不过一尺长，太大的鱼钓回去，盘子也装不下……"

安东尼·罗宾说："在我们每个人的生命中，都会面临许多害怕做不到的时刻，因而画地自限，使无限的潜能只化为有限的成就。"

钓鱼者打不开狭窄落后的思维，放弃三尺长的大鱼而宁可要不到一尺长的小鱼，这是令人难以理解的取舍标准，而钓者的唯一理由，竟是因为家中的盘子太小，盛不下大鱼。钓鱼者目光短浅，思维被眼前的现实束缚，所以注定他打不开生命的格局。即使运气来到他身边，他也抓不住。

成功者总是重复着："我想我能。"人们常常在自己生活的周围筑起界线，要么他们就生活在别人强加给他们的局限里。这些局限通常不是别人的，而是自己强加的。无形的枷锁限制了他们潜能的发挥，最终他们一生碌碌无为。

好多人给自己套上许多限制，觉得这个也做不到，那个也做不到。最终，你可能一生碌碌无为。你或许认为你现在的一切都是命中注定的，现实的一切不可超越，不管你持有此观点的时间多长，你都是错的。你可以通过改变自己的态度和习惯来改进自己的生活。我们中的许多人应更为成功，但我们在生活中失去很多，因为我们会安于现状，这比我们能取得的一切少得多。

每个人的生命里都有一颗伟大的种子，这个种子就是你内心蕴藏的潜能。无论是谁都是有价值的人，都有能力创造美好事物。

在现实生活中，如果你只听到别人说你不够资格，你多半会相信他们的话。如果别人不断告诉你，要赢得大家的认可，你也一定会照着去做。

林肯曾说："你的态度决定了你的人生的高度。"你的立场，决定了你的成败。外物充满了诱惑，只有坚持自我正确的立场，方能打开生命格局，开拓一方属于自己的天地。

即如果你是对的，则你的世界也是对的。你认为你行，则你就能发挥潜能，你就能成功。换句话说，只要你有信念，你就能发挥出你的潜能。

佛兰在1961年加入了职业橄榄球队。专家给他的评价实在不怎么令人兴奋，但是他是唯一不相信外界评价的人。

那份评价报告说他"做总指挥身材嫌太小，双脚动作太慢，而且太弱——无法承受处罚"。读了这份专家报告后，你可能认为这位年轻人应该放弃竞争激烈的足球生涯，求取一份平稳的工作。

如果你读了一份有关自己的如此报告，会做何感想呢？但佛兰是个有决心的人。他不但成功地留在球队，而且在短期内成为最佳球员。他不但成为第一控球手，还获得最佳夺球手和最佳传球手的美誉。

事实上，佛兰不仅是美国橄榄球联赛中任期最长的一位控球手，他的传球码数更超过史上任何一位控球手。这位明尼苏达州维京队的佛兰的确是美国该项运动史上了不起的球员。

哲人曾说："真理只掌握在少数人的手里。"因为大多数人总是受到别人意见的左右而放弃自我的想法，只有坚持了自我的人，方能了解真理的真谛。哥白尼提出了"太阳中心说"，却遭到当时统治阶级的威逼，但他没有屈服，而是坚持自己的观点。几个世纪过去了，人们记住了他，记住了他能在权力的威逼利诱下坚持自我。哥白尼在当时是不幸的，而他提出的"太阳中心说"却至今普耀世界，温暖着千万人。

坚持自我，才能打开生命的格局，发挥自己的潜能，让生命焕发出不一样的精彩。布兰克富林是一个没有大学毕业却有着精明头脑的人，他设计出了一"套"软件，到一家公司推荐自己的专利却遭到拒绝。此后，这样的事不知道发生了多少次，别人劝他放弃，他却毫不动摇地一家家推荐，最终被一家公司赏识，而一举成名。换作他人，或许已心灰意冷了，而他却能够在坚持自我中挖掘自己的潜力。

在追求成功的路上，我们要打破自我限制，让自己自由地思想，不断拓展生命的宽度。你认准的事，你只要坚持做下去，成功一定属于你。

挖掘并利用你的潜意识

拿破仑·希尔说:"个人可以通过潜意识随心所欲地汲取无穷智慧给予的力量。"然而,潜意识不能自动发挥它的作用,发掘潜意识要有正确的方法。

我们可以用这样一个比喻来形容潜意识:一座海上的冰山,浮在海面上可以看得见的部分,是意识;在海面下人们看不见,但又决定着整座冰山的走向的部分,是潜意识。冰山隐藏在海平面以下的主体部分对整座冰山起着支配作用,同理,潜意识蕴藏着人们的各种思想感情,进而支配着人们的行为。

潜意识能够引导人走向成功。潜意识作为人的巨大潜能,如果得到积极的调动,使其指导我们的创造实践活动,它将具有不可估量的动力作用。

福勒是美国路易斯安那州一个农民家七个孩子中的一个。他在五岁时开始劳动,这对于贫穷家庭出身的孩子来说算不了什么特殊的事。这些家庭已经习惯于听从命运的安排,他们认为贫穷是命中注定的,因而,他们并不要求改善生活。然而,福勒与他的小伙伴有点儿不同,他有一位不平常的母亲。他的母亲在内心里反抗着这种仅够糊口的贫穷生活。她时常跟她儿子说她的看法:"福勒,我们不应该贫穷。我们的贫穷只是因为你的父亲从来就没有产生过致富的欲望。我们家庭中的任何人都没有产生过出人头地的想法。"母亲所说的"致富的欲望"在福勒幼小的心灵深处刻下了不可磨灭的烙印,它作为一种潜意识的力量,通过自我暗示的引发，不断地刺激他追求致富之路，以至于改变了他的一生。福勒长大成人之后，他的致富欲望像火花一样迸发出来。他决定把经商作为生财的一条捷径，最后他选定经营肥皂。于是他挨家挨户出售肥皂达十二年之久，一点一滴地积蓄了二万五千美元。

潜意识好比一部功率巨大的机器，一旦我们学会正确地打开潜意识的按钮，它就能传送能量。打开潜意识这部机器的按钮，最重要的方法是通过树立、保持积极的心态与确立固定的目标这两条途径。

在一般情况下，一个人的潜意识都处于沉睡状态，积极的心态可以唤醒一个人的潜意识。潜意识就像每个人身上的一个看不见的法宝，这个法宝犹如一张牌的两面，一面印着"积极的心态"五个大字，一面印着"消极的心态"五个大字。这个看不见的法宝有两种令人吃惊的力量，一种是获得财富、成功、幸福和健康的力量，一种是排斥一切或掠夺一切使你的生活有意义的东西的力量。

积极的心态，可以使人勇于挑战自我、斗志昂扬，攀登上成功的高峰；消极的心态，则可以使人的意志日益消沉下去。因此，树立和保持一种积极的心态，并经常不断地利用积极的心态去刺激、唤醒和调动你的潜意识，使之服务于你的成才致富的需要，是非常重要的。

亨利·凯撒是一个真正成功的人，这不仅是由于使用它的名字的几个公司拥有十亿以上美元的资产，更是由于他的慷慨和仁慈，使得许多不能说话的人能说话了，许多腿脚残疾的人过上了正常人的生活，许多病人以很低的费用得到了医疗。所有这一切都是因为凯撒的母亲玛丽·凯撒，她给了她的儿子亨利无价的礼物——教他如何树立积极的心态，并用以刺激和调动他潜意识中的成功欲望，以实现人生最伟大的价值。

玛丽在工作一天后，总是花费一定的时间做义务保姆工作，帮助不幸的人们。她常对儿子说："亨利，不从事劳动，就不能完成什么事情。

如果我什么也不留给你，只留给你劳动的意志，那么，我就给你留下了无价的礼物：劳动的欢乐。"凯撒说："我的母亲最先教给我对人的热爱和为他人服务的重要性。她经常说热爱人和为人服务是人生中最有价值的事。"劳动的欢乐，热爱人和为人服务作为一种积极的心态时常刺激和调动亨利的潜意识去实现人生价值。

第二次世界大战中，他建造了一千五百多只船，其造船速度震惊了世界。当时他曾说："我们每十天能建造一艘'自由轮'。"专家们说："这是做不到的。这是不可能的。"然而事实上，凯撒做到了，他以积极的心态调动潜意识去发挥其定向能动性的动力作用，创造了奇迹。

这个故事说明一个道理：积极的心态能够激发潜意识的力量，使你创造奇迹。好多人整日沉浸在怨天尤人的悲观情绪中，无形中埋没了自己潜意识的发挥。

其次，可以通过确立固定目标调动自己的潜意识。一个人只有有了固定目标，才会努力奋斗，才会心甘情愿地付出自己的努力和汗水，一步步地实现自己的目标。目标是引导一个人前进的指示灯，固定的目标同积极的心态相结合，是开创奇迹的起点。你应该记住：我的世界是要改变的，我有能力选择我的目标。

一个人确定自己的目标并不是一件简单的事，它甚至会包含一些痛苦的自我考验。但无论要花费什么样的努力，它都是值得的，因为只要你说出你的目标，你的人生就有了前进的动力和方向。

潜意识犹如一个充满活力和生机的巨人，如果你无法唤醒它、调动它，它只能永远睡在你的心中。让灵魂深处的"宝藏"就这样浪费与埋没实在是件令人遗憾的事。我们只有树立积极的心态去唤醒它，用固定的目标去驱使它，这位沉睡的"巨人"才能站起来，从而运用你所有已知或未知的力量，引导你奔向成功。

02

第二章

找到你的内在成长密码，

才能释放潜能

每个人身上都有自己的内在成长密码，就像是打开大门的钥匙一样，找到内在成长密码，我们才能打开潜能的大门，并释放出自己的潜能。而这种成长密码深深地根植于我们的潜意识中，一旦打开，我们就会发现，自己原来也可以这么强大。

锲而不舍，才能激发潜能

据说，古希腊哲学家苏格拉底是一个才思敏捷的智者，当时，很多人慕名前来，想要拜他为师。这些想要拜他为师的学生大多天资聪颖，很多都能问一答十。

开学第一天，苏格拉底对学生们说："今天咱们只学一件最简单也是最容易的事儿。每个人都把胳膊尽量往前甩，然后再尽量往后甩。"说完，苏格拉底就当着诸位学生的面儿，亲自示范了一遍，"从今天开始，同学们每天都坚持这样做，一天三百下，大家都能做到吗？"

学生们听了，很多人都哈哈大笑起来：这么简单的事儿，压根儿就没有技术含量，又有什么难的呢？过了一个月，苏格拉底笑着问同学们："每天甩手三百下，请问有哪些同学还在坚持着？"

话音刚落，有90%的同学都得意扬扬地举起了手，苏格拉底点头称是。又过了一个月，苏格拉底再次抛出同样的问题，这一回，还在坚持每天甩手三百下的同学仅剩八成。

一年过后的一天，苏格拉底突然问大家："现在还有哪几位同学坚持每天甩手三百下？"此时教室里鸦雀无声，只有一个人举起了手。这个坚持到最后的同学，后来成了世界上伟大的哲学家，他就是鼎鼎大名的柏拉图，哲学著作《理想国》的作者。

从这个故事中，我们可以发现一个道理——生活中那些看似简单容易的小事，很多其实是最难做成的大事。这句话并不矛盾，说它简单容易，是因为只要愿意动手去做，我们一般都能完成；说它难，是因为能够坚持将它做下去的人，终究是寥寥无几。

有一个问题问得很好——既然大家都知道努力很好，为什么都难以坚持呢？

其实，从一个小小的甩手动作我们就可以知道，强迫自己每天都去努力做一件事，是一种反本能的行为。我们偶尔做一次无妨，但是每天都做，其难度堪比爬一座喜马拉雅山峰，需要极强的意志力。且随着时间的流逝，能够将它坚持下来的人一天比一天少，到最后仅剩下柏拉图一人。尼克松曾经说过一句话："累了就歇在路边的人是不会取得胜利的。"这句话的含义就是坚持的意义。柏拉图的坚持刚好体现了他骨子里的那一股韧性，因此，和其他"累了就歇在路边的同学"相比，柏拉图无疑是最早尝到胜利果实的那个人。

生活中亦是如此。很多人经常会在意识里告诉自己说："这样做下去毫无意义，我想还是放弃吧！"而能够持之以恒的人却觉得"再努力坚持一步，成功就在不远处！"这两种不同的工作态度，造就的往往也是两种截然不同的人生。无数的事实证明，前者在事业上总是不如后者容易获得成功。

肖艳在一家图书策划公司工作，刚进公司那会儿，只有中专学历的她，在一大群拥有大学本科及以上学历的同事面前，还显得有几分自卑，总感觉自己处处都低人一等。

意识到自己和同事的差距，肖艳工作起来格外努力。她在心里暗暗地告诉自己，有没有和其他同事站在同一起跑线上并不重要，只要有足够的耐性和韧性，对待工作始终能够坚持下去，最后就一定能在事业上取得骄人的成绩。带着这种永不言弃的心态，肖艳在这家图书策划公司一干就是六七年。

记得公司处于创业阶段的时候，每月所创造的利润并不是很高，员工的工资相对而言也就比较低。不到一年的时间，许多和肖艳一起进来的同事都坚持不下去了，他们纷纷向公司老板递交了辞呈。可肖艳始终不愿意离开，她觉得公司的发展前景其实非常好，公司的老板也是一个颇有才干、沉得住气的人。只要再坚持一下，她相信公司一定能安然地度过创业初期这段艰难的日子。虽然她每个月只能拿到微薄的薪水，但是不管公司经营多么困难，老板却始终不曾拖欠他们的薪水，仅凭这一点就足以让她信服。

就这样，公司里的员工来来去去，始终坚守在编辑岗位的却只有肖艳一人。公司老板也因此对肖艳刮目相看。

有一天晚上，他热情地邀请肖艳到他家里吃饭。饭后，他好奇地问道："公司现在处于创业阶段，工资待遇也不是很好，这么多人都走了，你怎么就愿意留下来呢？"肖艳笑了笑，言辞诚恳地回答道："您不也在坚持吗？公司会慢慢壮大的，一口吃不成胖子，只要我们静心守候，迟早会精诚所至，金石为开！"公司老板听了她这一番话，连连点头叫好。两个人真是惺惺相惜，私下里渐渐成了趣味相投的好朋友。

在那顿不同寻常的晚饭之后，肖艳带着强烈的责任感更加积极地投入工作，整日忙碌在电脑面前，不停地撰写书稿、改编文稿。闲暇之余，她还跟着公司老板学习图书策划，几年下来，公司的规模日渐壮大，她也一跃成为公司策划团队的总编辑，薪水翻了好几倍。

罗曼·罗兰曾说："与其花许多时间和精力去凿许多浅井，不如花同样的时间和精力去凿一口深井。"其实，肖艳就是勇于凿深井的最佳代表。她是一个能坚持的人。当身边的同事一个个因为薪水少而导致工作热情不高，最后只能无奈地陷入职场倦怠，不得不选择辞职离开时，肖艳却坚持将工作之井凿下去，不见活水誓不罢休。这大概也印证了那句俗话"只要功夫深，铁杵磨成针"，坚持就是胜利，只有勇敢地闯过去，我们才能到达一片全新的天地。

其实，很多看起来很高大上的事情，只要有勇气坚持做下来，也没有我们想象中的那么难。

"骐骥一跃，不能十步；驽马十驾，功在不舍。"同理，我们要想在职场大放异彩，还是要拿出像滴水穿石那样持之以恒的精神。只要我们不轻言放弃，或许只要再坚持往前迈进一步，就能推开眼前那扇通向成功的虚掩的门。

我们要记住，能走到最后的，常常不是那些聪明人，而是那些能坚持的人。

总在同一个地方跌倒，我们应该怎么办

心理学上有个著名的心理效应叫作"鸟笼效应"，它说的是人在绝大多数时间里，都是利用我们的惯性思维在思考问题。也就是说，我们大多数时间都是为自己的习惯和现有的认知所掌控。

这个效应来源于一个故事。

一位对惯性思维感兴趣的心理学家送了一个鸟笼给自己的朋友，并对这位朋友说："这个鸟笼是我送给你的，只要你每天把鸟笼挂在房间当中，我保证过不了多久，你就会去买一只鸟。"

这位朋友并不相信，但他见这个鸟笼造型别致，就答应了心理学家的请求，将鸟笼挂在客厅的一角。

最初几天，心理学家的这位朋友对这个鸟笼并没什么太大的感觉，他觉得心理学家有些言过其实了。

可是，没过多久，他就逐渐改变了自己的想法。

一些朋友陆续来家里拜访，每次看到这个精致的鸟笼都会问他："你的鸟什么时候死了？"这个人回答说："我从来都没养过鸟。"对方又问："不养鸟，你放个笼子在客厅干什么？"

别人第一次这么说的时候，他还有些不以为意。可别人说得多了，他就逐渐开始在意这件事情了。最关键的是，连他自己也觉得，如果不买一只鸟装进鸟笼的话，那么这个笼子挂在这里，简直连个摆设都算不上。

这样一想，他觉得很心烦，每天看着那个空荡荡的鸟笼，他都觉得不舒服。最后，为了让自己稍微舒服一点儿，他还是买下了一只鸟放进了笼子里。

这个故事充分说明了，人很容易被自己的思维惯性控制。在这个故事中，那些来拜访的朋友看到主人家里有鸟笼子，就会想当然地认为朋友是养鸟的，这是惯性思维；而这位没养鸟的主人最后也觉得有鸟笼而没有鸟很别扭，于是去买了一只鸟来，这是暗示带来的心理效应。

人一旦陷入这种思维习惯当中，就如同把自己的思维关进了鸟笼里，很难再有什么创新和突破。

对于人生而言，不能打破惯性，不能在思维里放入新的东西，可并不是什么好事。

众所周知，在科技、文化迅速发展的今天，创新已经被人誉为生产力发展的一大关键因素。假如一个人被自己的思维习惯控制，就会陷入刻板的死局。所以，我们必须要学着打破这种"鸟笼效应"。

如何打破呢？我们不妨先从一个大家都很熟悉的故事入手。

战国时期，齐国有一位大将名叫田忌，他很喜欢与人赛马。有一次，他和齐威王约定，双方进行一次赛马比赛。

根据约定，他们将各自的马分成上、中、下三等进行一对一的比赛。

由于齐威王的马匹都是从各地精挑细选来的，马匹都很健壮，每个等级都高出田忌一个档次，三场比赛下来，田忌全负。

有了第一次，就有第二次、第三次，无一例外的是，田忌每次都是铩羽而归。

有一次，田忌又和齐威王赛马，田忌已经输了两场，比赛还没结束，他就垂头丧气地准备离开赛场。就在这时，田忌发现了自己的好朋友孙膑在人群中看着自己，双方互相打了照面之后，孙膑拍了拍田忌的肩膀说："我刚才看了比赛，觉得大王的马比你的马快不了多少啊！"

田忌苦笑："我都输好几场了，我的马的确要差一些。"

孙膑说："你别灰心，我有办法让你赢。"

田忌疑惑不解地看着孙膑说："你那儿有好马？"

孙膑笑了笑说："我不换马，就用你刚才比赛用的马，你去禀奏大王，我们再赛一次。"

田忌半信半疑地走向齐威王。此时的威王屡战屡胜，正在得意扬扬地夸耀自己马匹的时候，看见田忌陪着孙膑迎面走来，便站起来讥讽地说："怎么，你还不服气？"

田忌说："臣希望再赛一次。"

齐威王此时信心满满，理所当然地答应了田忌的请求。

孙膑偷偷地对田忌说："你这样……这样……"

田忌按照孙膑的吩咐，采取了一条新的策略：他将自己的下等马用来对阵威王的上等马，用中等马对阵威王的下等马，用上等马对阵威王的中等马。

排兵布阵结束之后，赛马如期进行。经过激烈的角逐，结果出来了：第一场，田忌的下等马远逊于威王的上等马；第二场，田忌的中等马以微弱的优势战胜了威王的下等马；第三场，田忌的上等马又战胜了威王的中等马。

三场比赛下来，田忌赢了两场，最后理所当然地赢了这次比赛。

同样的马匹，只是稍稍换了一下对阵顺序，就产生了截然不同的效果。这是孙膑的创新，也正是这种创新，让本来看似毫无希望的一场比赛惊天逆转。其实，田忌每次失败，正如人总是在同一个地方跌倒，一旦换了思路，则很容易反败为胜了。

所以说，在工作当中，我们需要突破自己的惯性意识，不要总是被自己的经验束缚。我们要有反惯性的创新思维。试想一下：当年比尔·盖茨从哈佛大学退学的时候，有多少人认同？当所有人都认为计算机没有多大发展前景的时候，比尔·盖茨仍然一往无前地奋斗，最后，他成功打造了属于自己的微软帝国。他没有走大多数人惯性里认为好的那条路，而是走了最适合自己的道路。

所以，如何避免总在同一个地方跌倒，实际上是避免我们潜意识里的惯性思维。当然，我们不能完全摒弃惯性思维，有的时候，惯性思维是长久以来积累下来的经验，是一种基石。

不被思维绑架的最好办法，就是在我们要按照某种经验去处理事情的时候，我们应该多想想——这样做是否正确。我们不一定要全盘否定自己的惯性思维，而是需要将创新思维融会贯通到我们的惯性思维当中，合二为一，灵活运用。这样我们才会避免总在同一个地方跌倒，也才会真正成长起来。

让自己加速前进的秘诀

相信对销售行业有所了解的人都知道，销售公司在人才管理上有一条亘古不变的原则——让参与销售的每个人都能竞争起来。

没错，引进竞争机制是保持销售团队活力的一条重要法则。有竞争，才会有动力，而这动力又会反作用于竞争，最终形成一个良好的人才培养机制。

心理学上对这种"竞争机制"有一个术语——马蝇效应。据说，解放黑人奴隶的美国总统与这个名词的来源有关。其实，在人群里生活和自己独处，心理机制很不一样。我们在人群里生活时，很难脱离人群的影响，当我们处在一个积极竞争机制的人群里时，我们自己也会不自觉地努力。

林肯年少时，和他的哥哥在老家的一个农场里犁地，林肯在前面牵马，他的哥哥扶犁，但那匹马非常懒，走起路来慢腾腾，经常干活儿干到一半就停下。

有一次，林肯忽然发现这匹马走得很快，他们两兄弟都快跟不上它的节奏了。林肯感到很奇怪：这匹马怎么突然变勤快了？

于是，他停下来走到马的身边看了看，发现一只很大的马蝇叮在马儿的身上，于是，他扬起手，准备将马蝇打掉。

就在这时，他的哥哥连忙制止道："哎呀，你为什么要打掉它？正是那家伙使马跑起来的嘛！"

1860年大选结束之后，林肯当上了美国总统，有一位叫作巴恩的银行家看到一位议员从林肯的办公室里走出来，就对林肯说道："你别把这个人选进内阁。"

林肯问道："为什么？"

巴恩回答说："因为这个人非常狂妄，他觉得自己比你伟大，总统的位子应该是他的。"

"哦，"林肯慢悠悠地说道，"那你还知道有哪些比我伟大的人吗？"

巴恩不明就里，回答说："不知道。你为什么这么问？"

林肯说："我想把这些比我伟大的家伙都招揽到内阁里来。"

巴恩不解地问道："这是为什么？"

林肯说："只有这样，我才不会放松对自己的要求，永远保持警惕的心理鞭策我奋进。"

林肯结合自己在农场时的经历，知道"马蝇"对于造就一匹好马的重要性。当有马蝇叮咬的时候，马的速度就能变快。同样，他想招揽那些比他伟大的人，也是因为他想通过这些人的"叮咬"来鞭策自己和影响整个内阁。

在职场当中，是否存在这样的一些"马蝇"呢？

答案是肯定的。

当我们看到某一个同事受到老总的嘉奖，我们也会想：我也想得到这样的鼓励。当某一位同事因为工作能力获得了晋升，我们也会羡慕，对自己的行动也会产生影响。当我们处在一个积极奋进的团体中时，我们也会被那种集体奋斗的氛围推着前进。

没错，这就是马蝇效应给职场中的人带来的一种影响，因为我们每个人都会受他人的行为意识影响。

这里的"他人"可以说是竞争对手，也可以说是合作伙伴。

那么，如果正确运用马蝇效应呢？

如果我们身边的"马蝇"是我们的竞争对手，可以对我们产生激励作用。有时候"我一定要超过他"这种想法可以为人带来巨大的动力。你要知道，竞争对手可以让你时刻焕发斗志，可以变成督促你的闹钟。我们还可以学会利用"马蝇"。如果有了竞争对手，那么就必须要学会加以利用。看到竞争对手，我们可以把他们当成追赶的对象，不要总想着如何让他们消失。

而如果我们身边的"马蝇"是我们的朋友，我们则可以把他们当成榜样，我们可以学习他们的成功经验，并且学为己用。

一个再懒的人，放在跑道上也会跑起来。所以，如果我们想让自己时刻有动力，时刻有劲头，就需要往自己身边放一些"马蝇"，而不是想着怎样赶走竞争对手，打压竞争对手。有的时候，"马蝇"很有可能就是你这匹"千里马"的得力助手，或是前进的助力。

既要懂，也要能去做

张华所在的公司，最近准备推出一套新产品，每个部门都可以按照自己的思路提出产品构想，然后设计出产品小样，被选中的部门，公司会给十万块钱的奖金。

部门主任把这个通知告诉了大家，每个人都很高兴。在提出设计方案的时候，大家都侃侃而谈，从市场、产品性能、功用方面提出了很多意见。

等到拿出具体产品小样时，他们发现构想很完美，细节实现起来却非常困难。虽然他们能把一个东西的运行理论说得头头是道，但是真的做起来的时候，却完全不是那么回事。

眼看公司给的期限将近，这些部门大部分都还在修改方案阶段，别说产品，就连构思都混乱了。

从这件事中，张华也得出一个结论：有时候，很懂一件事，不一定就会做成这件事。

其实，这就是一种意识上的自我欺骗。认为做一件事很简单，但是做起来却漏洞百出，这是大部分人的常态。很多人在谈方案的时候，说得头头是道，等执行的时候，却发现他们提出的方案自己都完全执行不了。

谢猛是一家空调专卖店新入职的员工，他的工作是负责安装和维修公司卖出去的空调。他刚入职的时候，公司的老板就找到他和他说，装空调是一门技术活儿，要跟着老师傅好好学。

刚开始的一周，谢猛学得很用心，一周后，他觉得自己已经掌握了所有装空调的技术，就开始不那么用心起来。某一天下午，他和师傅一起装空调时，朋友打电话让他出去玩，他看了看手表，还有4分钟就下班了，于是试探性地问道："我今天先走，明天一早再过来学行不行？"

师傅说："为什么要等到明天早上？明天早上有个客人让你去帮他试装空调。"

谢猛说："我有点事儿，这已经快下班了，况且，我觉得装空调的技术我也学得差不多了。"

师傅知道谢猛心里不大愿意占用个人时间，但他也没办法，只能同意让谢猛先走。

第二天一早，谢猛就去了客户家中，装空调的时候，他发现有几个环节自己怎么调试也调试不好。

后来，他打电话给师傅，师傅赶过来帮他把问题解决了。师傅告诉他："很多事情，你以为是差不多，但实际上差很多。"

比如，很多人在看书学习的时候，觉得自己理解了那些语句，但是等真正写文章的时候，发现自己一个字也写不出来。

其实，他们犯了和谢猛一样的错误。很多时候，我们误以为自己学会了，但是一到实践的时候，发现完全不是那么回事。就像很多人谈足球规则谈得头头是道，但是真正让他们下场去踢，却发现他们连跑都跑不动。

真正的"会做"，一定要建立在大量反复练习的基础上，还要进行思考，才能达到"会做"的地步。根据一项调查，那些在职场中大有作为的人，大多数都不是盲目服从命令的人，但他们在服从合理的命令时，也是最积极最努力的。也就是说，他们都是有自主认知能力且有执行力的人。

简言之，他们既"懂得"一件事，又"会做"一件事。

再优秀的理论，如果不能执行，只能沦为一纸空谈。我们潜意识里面认为的"会做"和真正的实际操作之间还有很长的距离。

学会和陌生人合作，是一种智慧

鲁迅曾赠给瞿秋白一句话："人生得一知己足矣，斯世当以同怀视之。"简简单单的十六字，已然道出了朋友在我们每一个人生命中的地位，既然朋友对我们如此重要，我们当然对他们青睐有加，有一种自然而然的亲近之心。

其实，说得直白一点，所谓朋友，无非就是我们所认为的"自己人"。可别小看"自己人"这三个字，与人打交道，我们只要被对方贴上这个标签，往往就意味着在斩获人心的道路上，我们已经大获全胜。

可是我们现在会发现，生活中，除了固定联系的那几个人，大部分时间里，我们实际上都是在和陌生人接触。

其实，即使是我们熟悉的工作环境，我们也免不了和陌生人合作。在平时的工作中，我们除了和公司的老板、上司以及同事来往，还要把大量的时间用在和陌生人交往，比如外卖、快递、业务合作等方面。

很显然，学会和陌生人合作，已经是这个时代的常态。很多人常常和我说，我比较"宅"，我不喜欢和陌生人打交道。其实，出现这种社交恐慌，是我们潜意识里就把"陌生"看作"恐惧的来源"。

为什么会出现这种情况呢？答案非常简单，那就是每一个人都希望跟朋友交流，因为朋友在他们的潜意识里就意味着安全。这就是心理学中的"熟人效应"。要知道，在人们的传统观念里，只有自己人才不会背叛自己，才不会对自己造成伤害，因此，在竞争激烈的职场，人人都渴望找到与自己有着共同目标、共同立场和共同利益的"自己人"，唯有如此，我们才不会担心对方的观点和举动会和自己的背道而驰。

但是，人类文明之所以会大规模地进步，归根到底是因为我们学会了和陌生人合作，进行了规模化的技能交换。

美国前总统林肯就是一个擅长和陌生人合作的好榜样。

众所周知，林肯出生在一个普通的平民家庭，不过正是因为他的家庭背景，他才在竞选总统的过程中遇到许多阻挠。

然而，林肯是聪明的。每当有人试图拿他的出身，对他进行人身攻击时，他总能用言语给予对方巧妙的回击，从而赢得选民的共鸣。

其中，林肯最擅长的，莫过于主动和陌生人合作，为自己拉拢人心。

在一次演讲中，一个不怀好意的人挑衅地问林肯："请问，阁下究竟有多少财产呢？"看似一个简单的问题，其实，对方正等着出身平凡的林肯陷入尴尬的境地。

林肯听了后，笑了笑，然后不紧不慢地对台下的人说道："今天，我可以明明白白地告诉大家，我有贤淑的妻子和可爱的儿子，在我的心目中，他们都是无价之宝。除此之外，我还租了一间办公室，里面有一个大书架，书架上摆满了各式各样的书，非常值得一读。另外，里面还有一张桌子和三把椅子。大家都可以看到，我本人又高又瘦，脸还特别长，一看就不是那种会发福的类型。我这人实在没有什么可以依靠的，唯一可以依靠的就是你们这些人。"

当他说完那句"唯一可以依靠的就是你们这些人"后，台下的民众纷纷对他报以热烈的掌声。林肯最终也因此获得大多数陌生选民的支持，成功地登上总统的宝座。

古语有云"得人心者得天下"，这句话放在林肯身上再合适不过了，我们每个人身边的熟人都是有限的，想要活得更好，归根到底还需要取得陌生人的支持。林肯仅仅因为一句话，很快就把这些陌生人的心收入囊中，这都要归功于他明白要竞选成功，还是需要和陌生人合作。就是因为他没有太多熟人，所以他索性跳出了"熟人思路"，争取陌生人的支持，让陌生的选民对他的话产生强烈的共鸣，从而让其将宝贵的一票投给他。

这个故事告诉我们，学会和我们"不那么熟悉"的人合作，是每一个在职场打拼的人需要铭记在心的。职场如战场，我们潜意识里就要有和陌生人合作的意识，才能在竞争中不被孤立，不被淘汰。

我们和陌生人合作时，可以利用"熟人心理"，而至于怎么在言语交流中巧用"熟人心理"，大家不妨从以下两个方面着手：

1. 寻找彼此身上的相似性，比如年龄、兴趣爱好、星座、血型、价值观、性格特点、籍贯、毕业院校等，然后以这些相似性为由头，去开启能引起对方共鸣的话题，从而让别人对我们产生一种"酒逢知己千杯少"的感觉。

2. 多做喜鹊，少做乌鸦。这一点应该不难理解，因为人都喜欢听好听的话，我们只要在交流的过程中，多寻找别人身上的闪光点，就不难对其说出有根有据的赞美之词，如此一来，何愁对方不对我们产生亲近感？

记得奥斯特洛夫斯基曾经说过一句话："共同的事业，共同的斗争，可以使人们产生忍受一切的力量。"毫无疑问，这句话的潜台词是，在陌生人面前，只要我们有共同的事业基础，把他们当成盟友，我们就有了合作的基础，可以一起吃苦，也可以一起打仗。

其实，人类文明之所以繁荣，就是因为我们能和陌生人交换技能，所以我们才有了动物们没有的优势。每一个想要真正把事情做好的人，都需要知道，在和他人的合作中，最重要的就是找盟友而不是找朋友。学会和陌生人合作，是这个时代应有的智慧，也是每一个强者所具备的基础认知。

选择虚假的安逸还是真实的努力，
决定了你能飞多高

关于行动力，有这么一句话："机会是种子，行动是金子。"言下之意是，一个人不但需要机会，还需要有获取机会的"行动力"。此话不假，现实生活当中，有很多人是思想上的巨人，行动上的侏儒。人如果只是沉溺于自己的舒适区域，空有理想而不迈开双脚，那么永远都只能原地踏步。

每一个伟大的人都是用行动去践行自己的梦想。

中国女子职业搏击第一人唐金的故事或许能证明这一点。

其实，在二十二岁之前，唐金只不过是一个痴迷于武术故事的普通女孩儿。她说："我小时候就很喜欢读花木兰的故事，那时候，我觉得会功夫的女孩子很潇洒。但是我没有把这个想法告诉别人，所以周围没有一个人会想到，日后我居然会成为一名职业搏击运动员。"

2007 年，年仅二十二岁的唐金来到北京打拼，她的目标是：打入国家级女子搏击舞台。经人推荐后，她师从形意拳名师刘普雷先生学习功法，这是唐金首次有机会真正接触武术。从进入这行的那一刻起，唐金就锁定了自己的目标，并全力以赴去追梦。

敢想敢做，唐金开始了自己的搏击梦。从一个初学者到一个上台比赛的职业拳手，这不仅仅是身份的简单转变，更是从身体到精神的一次残酷磨砺。对于拳击手而言，提升实力没有多少捷径可走，必须付出百倍千倍的努力。而要在短时间内成为冠军，更是要付出不知多少痛苦的努力。唐金从小生长在不错的家庭环境里，她没有吃过什么苦。在最初接触到职业搏击时，她的生理和心理都遭受了极大的摧残。

但唐金的性格又是倔强的，她自幼不肯服输。国内缺少女子搏击运动员，唐金就和男运动员一起训练，她在场上甚至比男运动员更加努力。别人每天训练四个小时，她就训练六个小时；别人每天训练六个小时，她就训练八个小时。别人周末休息，她却还在训练，除了吃饭、休息、训练之外，她几乎没有任何做其他事情的空余时间。

在擂台上搏杀，受伤在所难免，唐金也不例外。她的眉弓缝过五针。鼻子骨折过两次，肋骨也断过。但相比于心中的目标，她觉得这一切都是可以忍受和战胜的。

终于，唐金从艰难困苦中脱颖而出，成长为中国女子搏击领域最受瞩目的明星，人称"搏击玫瑰"。

在成功之后，回顾自己的成名路，她无限感慨地说道："只要你相信自己并付诸行动，就能不断接近自己的目标。前进的道路上，没有失败，只有放弃。其实，冠军就是把自己的想法付诸行动，并且贯彻到底的人。"

总是活在自己所营造的舒适假象当中，不切实际地等待某个幻想中未来的人，永远也吃不到馅饼。怯懦、拖延的性格，会养成一个人的惰性。无论遇到什么事，他总会想着要别人帮自己做，那么这个人一辈子也没有什么出息。就算有理想，那也不过是水中花、镜中月，永远也没有实现的可能。

所以，行动中一定不能害怕吃苦，甚至要做好吃苦的心理准备。想要成为什么人，想要做成什么事，心里决定了，就在当时当刻开始行动，从最基本的事开始做起，从最平常的行为开始改变，一步一步走向自己心中梦想的彼岸。

最难得的不是做一件事情，而是做事之前的心理建设。

如何给自己做心理建设呢？

首先，找出实现自己理想的条件。先把前期条件找清楚，才能够将理想分解为一个个细化的小目标，然后有的放矢，一点一点地积累，就不会因为目标太过艰难而干脆放弃了做事的希望。

其次，要对自己狠一点。确实，付诸行动往往很痛苦，很难受，但是不经历蚕茧里暗无天日的涅槃，怎能在以后成为最美丽的蝴蝶？在职场当中，如果你每天都只是得过且过，能拿六十分，就不去追求一百分，那怎能成事？所以，在做这件事的过程中，一定要给自己设立一个奖励目标，鼓励自己好好做下去，每一次完成任务后，自己就拿到相对应的奖励。

最后，无规矩不成方圆，要给自己制定一个非常详细的时间表。在什么时候该完成什么、必须要完成什么，都写在纸上。一个梦想，乍一想，可能觉得遥遥无期，但实际上，一旦我们将它分解开来，会发现其实完成它、实现它并不是什么难事。

把自己的梦想牢牢记在心里，开始行动吧。每天行动一点，终有一天梦想会实现。每天什么都不做，只是空想，梦想终有一天会被现实击破打碎。怕吃苦，吃一辈子；不怕苦，只吃半辈子。

03

第三章

意识重建：糟糕和优秀都与你的

认知有关

一个人是糟糕也好，优秀也罢，都跟自己的认知有关。这就好比是两个人，一个人自信，一个人自卑，自信的人会认为自己无所不能，而自卑的人则觉得自己一事无成。所以，找到自己潜意识中的阻碍，重建自己的意识，你才能变得更加优秀。

突破自我：我们喜欢有规则，但又不愿意被规则限制

中国有句老话——无规矩不成方圆。规则很有用，在职场中，规则甚至是保证工作能够正常进行的"必需品"。在资源有限时，按规则办事，会带来一种相对的公平。但实际上，现在很多年轻人在进入职场之后却非常厌恶规则，他们面对规则时，会有这样一种潜意识：规则是用来束缚别人的，他们向往的是自由。一旦感觉到了那种规则上的束缚，他们有时候会主动去破坏规则。

我们为什么需要规则？其实道理很简单，因为规则能够帮助我们统一出一个标准，好让人能够依照标准做事。但我们也知道，人的性格各有不同，想要制定出一条适合每个人的规则也不太可能。

所以，合理的规则是为了让大多数人去适应它。但有一种情况是不容忽视的，那就是，规则只能适合大多数人，却不能适合所有人。所以，必定有人会不适应某一种规则。当我们不适应某种规则的时候，问题就来了。我们到底应该如何去调节这种希望"突破规则"的心态呢？

我想先讲一个故事。

张永是某个机械公司的业务员，他每天的工作，就是在外面跑业务、找客户。他有时候需要陪客户吃饭，甚至需要到省内其他地方去洽谈客户。公司给他开出的薪资是一千八百元的底薪加提成。张永的业务能力不错，平均一个月能拿到五六千的工资，对于一个毕业才两年的人

来说，薪资水平算是不错的。

但张永对公司的一项规定大为不满。

原来，张永所在的这家机械公司规定，业务员虽然每天上班不需要打卡，但每周一、周五必须到公司开例会。如果不能到的话，要填一个非常详细的事由表，上面必须注明，自己因为什么事情去了哪里，是不是因公事耽误了公司的例会。

张永是一个尽职尽责的业务员，上班时间他一定会全心全意地扑在这份工作上，很少会因为私事耽误工作时间。

但由于他的工作性质，需要经常在外面跑，有的时候根本就不可能回公司开会，所以他对"事由表"很是反感，认为这是公司对业务员工作上的不信任和某种束缚。

最初，他还像模像样地凑了几篇"事由表"交上去，但到后来，他学会了"拖"。反正这也不是什么大事嘛！张永心里想。

直到有一天，销售部的经理找到他，他才意识到自己拖交"事由表"这件事情有多严重。

那天，经理直接在办公室里质问张永："你是不是经常在工作上偷懒？"

张永连忙说道："怎么可能？我一心扑在工作上，甚至还会经常加班。"

"那你为什么经常缺席我们的例会，还不写清楚事由？"

张永说道："我还不是嫌麻烦吗？经理，你不知道，填这个表格令人头疼死了。我们是业务员，有事儿在外面很正常。"

经理怒道："就你一个人搞特殊啊，你知道什么？公司制定这样的制度当然是有目的的，以前就出现过有的业务员拿着我们给的底薪还在外面做别的事的，你不写清楚，我们怎么知道你到底干什么去了，难道你让我们无条件地相信你吗？"

张永一下就哑口无言了，其实经理说的话他都明白，这个制度不是针对自己，而是为了防范那些别有用心的员工。

经理接着说："如果你觉得自己适应不了这条规矩，那你就要考虑一下这份工作到底适不适合你了。"

这话一出来，张永就愣住了，他突然明白了事态到底有多严重，于是连忙跟经理道歉。回去之后，他花时间将之前缺的事由表全部都补齐了。

其实，这是"个人自由"与"公司制度"的一种冲突。张永觉得自己没做超出工作范畴的事情，但是他不能保证别人也没做。即使大家都没做，公司的制度规则也需要形成一种权威性，让想利用业务自由去赚第二份工资的人无形中形成遵守规则的心理压力。

现在年轻人都追求自由，不愿意被工作束缚，这本是人之常情。可如果一个人一味地纵容自己不守规则的心理，过度使用这种"人之常情"，就变成了对制度的挑战，不利于制度集中管理的原则。

其实，这个问题的解决方法并不难。因为我们每个人都有接受规则的潜意识，这是长期驯化的结果。没有一种规则是突然形成的，这个世界上的大部分规则，是在漫长的过程中磨合出的一种普适结果。适当的规则是让我们不去伤害别人，也不至于被人伤害。

所以，真正意义上的自我突破，就是在应该约束自己的时候就约束自己，努力做一个和规则"和谐相处"的人。

保持钝感：不要在潜意识里先入为主地认为别人对我们有敌意

你是否会经常这样抱怨："现在都市里的人，每天都戴着面具生活，嘴里说着言不由衷的话，彼此心中都在尔虞我诈。"

其实，说这番话的人，内心也应该适当自我反省。我们只是容易被别人的情绪影响，而我们的情绪也容易影响到别人。

有时候，我们会抗拒别人的说法，只是因为我们自己心里已经先入为主了，在这样先入为主的预设思维模式下，我们已经封闭了自我意识，本能地认为别人对我们有恶意，也就不会再接受其他人的意见。所以有人才会说，这世界太凶险了，单纯的人反而受害。其实这种说法太过主观，有的时候，别人对我们的态度可能正是我们自己造就的。

法国作家拉·封丹曾经写过一个寓言故事：

南风和北风彼此不服气，它们约定进行一场比赛，以此来定谁到底厉害一些。它们比赛的内容是这样的：随便在路上找一个人，看它们谁能将那个人的衣服脱下。

它们看到了一个穿着风衣的行人。首先北风发力，它使尽全身的力量吹起狂风，风大气寒，空气一下子就冷了下来。北风本以为自己会取得胜利，可没想到，它不但没有吹掉对方的衣服，反而使对方感觉到寒冷而将衣服紧紧地裹在了身上。

轮到南风了，只见它不慌不忙，慢慢地吹出了几口气，速度很缓，风力也不大，瞬间就营造出了温暖的氛围，慢慢地，这位行人觉得热，脱下了风衣。

最终，南风出其不意地获得了胜利。

这便是心理学上的南风效应，又被人称为"温暖法则"。它说明了一个道理：有时候温暖的力量，远大于冰冷。所以说，如果我们想要对他人产生好的影响，并让这种影响能够作用到我们身上，也许就不会出现那么多人与人之间的钩心斗角了。

基于这个原则，有时候，我们不必对别人的话产生过多的抵抗心理，应该学会用心，用微笑去温暖别人。

这里说的微笑其实就是善良和真诚的体现。在这种"善良"和"真诚"等"心流"的影响下，别人很快就能在潜意识里接收到我们发出来的温暖信号，他们确定了我们本身没有敌意后，才会回报我们同样的善意。

不在潜意识里觉得别人对我们有敌意，是我们主动发出友好信号的前提。

众所周知，世界有许许多多的纪念日，比如国际妇女节、世界地球日、世界无烟日、国际护士节等，但是纪念人类行为表情的节日只有一个，那就是5月8日的"世界微笑日"。小小的微笑，竟然还会有一个专门的世界纪念日，足见它的魅力之大以及得人心之深。

在生活中与人打交道的时候，我们如果总是心存善意，面带微笑，那么很快就能拉近彼此的距离，让对方感受到我们的友善真挚。不仅如此，我们的微笑还能向别人的潜意识里发送电波信息，让对方感觉到他自己也是一个受到别人欢迎的人，也能够得到别人的认同。

对于很多商家来说，为了让顾客有一种宾至如归的感觉，微笑已经成为一种强有力的竞争手段。其中，又当以美国"旅馆大王"希尔顿的微笑服务最引人称赞。

1919 年，希尔顿把父亲留给他的一万二千美元，连同自己挣来的几千元投资出去，从此开始了他野心勃勃的旅馆经营生涯。当他的资产奇迹般地增值到几千万美元的时候，他立马回到家里，把这个让他既欣喜又骄傲的消息分享给了母亲。

可母亲的反应波澜不惊，这让他始料未及。"依我看，你跟以前根本没有什么两样……事实上，你必须把握比几千万美元更值钱的东西：除了对顾客诚实之外，你还要想方设法使来希尔顿旅馆的人住过了还想再来住，你要想出这样一种简单、容易、不花本钱却行之久远的办法去吸引顾客，这样你的旅馆才有前途。"母亲如是说。

母亲的忠告让希尔顿如坠云雾：究竟什么方法才具备母亲所说的"简单、容易、不花本钱却行之久远"这四大条件呢？他绞尽脑汁，始终不得其解。于是，他开始频繁地逛商店、串旅馆，以自己作为一个顾客的亲身感受，最后得出了一个准确的答案——微笑服务。

只有微笑服务同时具备母亲提出的四大条件，从此，希尔顿实行了微笑服务这一独创的经营策略。每天，他对服务员的第一句话都是："你对顾客微笑了没有？"他要求每个员工不论如何辛苦，都要对顾客展示自己最真诚的微笑。即使处于经济危机这样萧条的环境下，他也经常提醒旅馆的工作人员："万万不可把我们心里的愁云摆在脸上，无论旅馆本身遭受的困难如何，希尔顿旅馆服务员脸上的微笑永远是属于旅客的阳光。"

微笑确实如同阳光，总是能带给别人温暖。希尔顿旅馆的员工，时时刻刻做到了"笑脸迎人"，使得旅客对他们产生一种谦卑、宽厚、亲切、平易近人的良好印象，从而大大地提升了希尔顿旅馆的知名度，来此旅馆住过的人，几乎没有不愿意当回头客的。

日本著名的松下电器公司的老板松下幸之助曾说："以笑脸相迎，

就是有偿服务。"简简单单的一个表情，只要我们发自真心，就能让别人感知到我们的善意。一来，它不需要耗费我们的时间、精力和成本；二来，它能迅速让陌生人对我们心生好感。

人与人之间的沟通，原本就建立在彼此真诚相待的基础上，当我们因为戒备心而对彼此设下严重的心理防备时，我们看谁都会有一种疏离感。若是别人感知到这种疏离，也会慢慢远离我们。潜意识里的善意，会促进双方进行良好沟通，达成彼此初见的破冰。它就像一个神奇的魔法师，当我们对别人展露微笑的时候，别人就会感到心情舒畅，觉得倍受重视，从而回赠我们一个温情脉脉的微笑。我们都在微笑中，感知到彼此内心的善意和诚挚，然后悄悄消除彼此间的隔阂。

如果我们还没有向他人展示善意的习惯，那从现在开始，我们就要努力对着镜子练习，注意调整嘴角上扬的幅度，让我们的微笑变得自然又美丽。让我们尽情地释放我们自己最自然也最温暖的笑容吧，当我们的微笑像一束灿烂的阳光一样，一路畅通无阻地抵达陌生人的心灵，给予他们最渴望的温暖时，我们也为我们自己赢得了交往的主动权。

心理构建：从意识里驱逐那些
不必要的内在自我保护

美国心理学家罗斯做过这样一个实验：

他在一所大学中随机选择了 80 名大学生，并给他们发放了一张试卷，试卷上面有两道题目：1. 你愿意在学校内背着一块大牌子走动吗？2. 你认为大多数人会愿意背着这样一块大牌子走动吗？

发放完试卷，罗斯让他的助手搬出了那块一米多宽、两米多高的塑料牌子。学生们看过这块塑料牌之后，开始了选择。

试卷收上来，结果是这样的：48 名学生选择了愿意，而另外 32 名学生则不同意背这块牌子。最有意思的是，罗斯发现，那 48 名愿意背牌子的学生在第二道题目上的答案也是惊人的一致，他们认为大多数人都会愿意去背这块牌子；与之相反的是，另外 32 个在第一道题上选择"不愿意"的学生，在第二道题上也认为大多数人不会愿意去背这块牌子。

实验结果表明，所有的学生都将自己对待"背牌子"的态度投射到了别人身上。而实验结果证明，真实情况与他们所想的完全不一样。

这就是心理学上著名的"投射实验"。

罗斯根据这个实验结果做出推断：人对他人形成印象的时候，总有一种假设对方与自己有相同之处的强烈倾向。这就是"投射效应"。

比如说，一个善良的人会觉得身边的人都是善良的，他们也更愿意相信没有人会伤害他们。而敏感多疑的人，在说话处事时都会显得异常谨慎，因为他们认为别人也是敏感多疑的，而在他们眼里，保护自己的最好方法就是谨言慎行。

我们会发现，很多人的自我保护和他们的自我预设有关。如果人的认知预设是"人之初，性本善"的话，他的行事方式就会改变。而如果人的认知预设是"人之初，性本恶"，可能他就会呈现出另一套做事方式。

其实，我们日常的信息接收存在很多误差。接收信息的误差，会让我们形成认知上的误差。这种信息错位，会让我们对很多人抱有天然的敌意，因为我们的潜意识里，可能在根据我们过去的经验进行着自我保护。有一句俗语叫"一朝被蛇咬，十年怕井绳"，其实说的就是人的防备心理。很多人在生活中，即使别人并没有要害他们，但是他们会根据过去的经验，假设出别人会对他们有敌意，也认为很多人并不愿意和他们好好交往，从而用自我封闭的方式来进行自我保护。

张明明是一家广告公司的文案策划，她是个非常热心的女孩儿。不管是谁求她办事，只要她能够做到的，她都一定会尽心尽力地去做。比如说有位同事家中有事儿，又担心请假会耽误工作，只要他找张明明，张明明就会乐意帮他做他剩余的工作。新来的实习生有什么不懂的，她也是有问必答。

在张明明眼里，人人都应该是乐于助人的。因为她抱有这种观念，所以理所当然地会认为别人也同她一样有这个想法。所以张明明平时有什么问题也经常会找别人帮忙。但找人帮忙的次数多了，别人就有点儿想法了。

有一次，老总交给她一份十几页的手写稿件，说这是一份非常重要的内部文件，让她整理成电子档。

张明明接下这个活儿之后，正准备一心一意地做这件事，没想到部门主任又将一份策划案发给她，让她按照客户的要求做一下修改。两件事情撞在一起，张明明一个人当然忙不过来。

无奈之下，张明明只好找到平时和她比较要好的同事小雨。她笑嘻嘻地对小雨说："小雨，我现在手上有两份工作，忙不过来，你能帮帮我吗？"

小雨问："什么工作呀，麻不麻烦？"

"不麻烦，不麻烦。"她把那份手写稿给小雨说，"你看，就是这几页的东西，你帮我打出来好不好？"

小雨面露难色，委婉地说："这个事儿还是比较麻烦吧，我现在是没事，万一待会儿有事呢？再说，你自己不想做，用这些事占着我的时间，一会儿老板批评我怎么办？"

张明明听了小雨的话，有点儿无奈，有点儿难过，但还是出于礼貌，对小雨说了声："谢谢你。"

其实张明明并非小雨所想的那样，她只是觉得自己愿意尽心尽力地帮助别人，那么别人也一定会愿意在关键时刻伸出援手。但是这一次，张明明的想法错了，小雨并不是那种可以为了别人的事儿而牺牲太多的人，她也不愿意在别人的事情上花费精力。

两个好朋友就因为意愿上的误解闹僵了，令人感到惋惜。

其实在生活里，张明明和小雨就分别代表着把所有人都预设为"好人"和把所有人都预设为"坏人"的两类人。其实，他们都有着各自的缺陷。毫无防备心理会伤害自己，但过度的防备心理会伤害别人。比如说，当我们去领悟生活时，总有人会帮助我们，也有人会讨厌我们，这是生活的常态。但无论身边的人喜不喜欢我们，我们潜意识里都要领悟到"认知偏差"会给我们带来什么样的封闭思维，会怎样影响我们和别人的正常交往以及如何损害我们在与人交往中的主动性。

归根结底，"主观投射"其实是人在认识人和事物时缺乏客观性的一种表现。人往往会觉得自己喜欢的东西就一定是美好的，自己讨厌的东西也总是令人厌恶的。这种心理也就造成了严重的认知偏差，不利于人的成长和自我完善。因此，我们每个人都应当客观地对待自己和他人，避免因为主观而造成认知偏差和自我封闭，只有这样，我们才能找到和这个世界和谐相处的方法。

加深理解：每个人都是独一无二的

在这个时代，很多人可能正经历着这样的事情：在信息高速畅通的网络时代，生怕自己落后于时代，不能及时掌握某些信息，于是强迫自己每天一大早就打开电脑，疯狂地浏览各大网站上的头条新闻；在流行博客的时候，尽管对文字并不感冒，还是跟风开了博客，之后却疏于打理；面对着众多的 App，也不甘示弱，赶紧一个接一个下载；在打折促销的宣传下，在一个莫名其妙的"节日"里，网购了一堆也许永远也用不上的东西；微博诞生后，自称"脑残粉"，无条件支持偶像的一切言论或行为，跟着一群所谓的粉丝在那儿义愤填膺……

以上所说的种种现象，无不透露出三个字——随大流。而人们的这种心理也被称为"从众心理"。我们所做的一切，都是为了和他人一致，而不是真正从意识里建立了我们跟这个世界的连接。

归根到底，一个人之所以没有自己的主见，喜欢随大流，还是其内心的恐惧在作祟。生活在群体社会，我们不仅需要自我认同，也十分需要他人的认可，因此，我们非常害怕别人对自己说："你 out（过时）了。"在这种恐惧之下，我们通常就会去做许多自己并不喜欢甚至没有任何益处的事情，只为了让自己能够融入某个群体，不被他人抛弃而陷入孤立无援的境地。

我们似乎很害怕和别人不一样。因为和主流世界的很多人不一样，就意味着我们要承担某些未知的恐惧。在这样的从众心理下，大部分人都主动把自己物化，将自己活成了流水线上的一颗螺丝钉。

其实，这种从众，在某些时候，并不一定是好事。

刘丽丽在一家时尚杂志社担任编辑，刚开始工作时，杂志主编和同事们都非常喜爱她青春靓丽的外表，觉得她为公司增添了一抹亮色。

可是没过多久，大家渐渐觉得这个姑娘似乎中看不"中用"，这到底是怎么一回事呢？

有一次，杂志主编召开选题策划会议，大伙儿纷纷为选题出谋划策，提出许多极具价值可供参考的建议，唯独刘丽丽一人在角落默不作声。杂志主编还以为她初来乍到有点儿胆怯，于是语气温和地问道："丽丽，对于这期杂志的选题，你有什么特别的看法吗？"

刘丽丽一听，慌慌张张地站起来，红着脸，支支吾吾地回答道："呃……刚才大家说了很多选题，我的想法都被同事们说光了，我觉得咱们这期杂志可以考虑'三十岁之前要不要结婚'这个话题。"其实，有关"三十岁之前要不要结婚"这个话题，刚才已经被好几位同事说过了，她之所以重复提起，不过是想跟着大多数人的脚步走，如果说对了，以后还能分一杯羹，即便说错了也无妨，反正不需要独自一人去承担风险。

不过，杂志主编可不这么想，她听到刘丽丽的回答后，脸上明显出现了失望的表情。在她看来，时尚杂志的核心就是创新精神，人云亦云不会给杂志带来可观的销量，更不会为杂志树立独一无二的品牌。刘丽丽作为一个职场新人，有没有丰富的工作经验不重要，但绝不能盲目从众，她就是希望她有着年轻人的冲劲儿和初生牛犊不畏虎的发散思维。如果别人怎么看，说什么，做什么，刘丽丽也跟着照葫芦画瓢的话，就违背了她招聘她入职的初衷了。

英国插画家本·科特在他的《小猪变形记》里向人们展示了一只觉得自己的生活无聊，一心想着要去体验其他动物的生活的小猪。这只小猪精力十足，古灵精怪，满脑子的鬼主意，用了各种办法去模仿袋鼠、斑马、长颈鹿、鹦鹉等动物。

遗憾的是，这些模仿最后都以失败告终，它再怎么努力，也无法成为它们其中的一个。后来，它在另一只猪的开导下，开始接纳自己作为一只猪的独特性，终于找到了真正属于猪的乐趣。

如果刘丽丽曾经看过这么一个故事，她或许能够摒弃内心的恐惧，不再盲从他人。要知道，盲从除了能给予我们一种安全感和归属感外，再也无法为这个世界和我们带来任何好处，它只会抹杀掉我们的创造力，最后使我们才思枯竭，彻底丧失独立思考的能力。

这个世界是丰富多彩的。正是因为不同的人有不同的想法，我们才碰撞出思维的火花，有了合作的基础。潜意识里的恐惧，让我们觉得按大家的思维行事才安全，其实是一种错误的做法。

我们若是因为害怕成为异类，而选择尝别人嚼过的肉，走别人走过的路，那就大错特错了，因为幸福并没有长着同一张脸蛋，模仿和盲从只会让我们沦为别人的盗版。

世界是丰富的，每个人都有着独属于自己的存在价值。真正对世界的理解，就是认识到它的丰富性，并在这样的丰富里，找到我们自己应有的定位。

04

潜意识内驱力：人的行为有自己

说不出的秘密

潜意识中存在强大的驱动力量，而开启这种驱动力量是释放潜能的前提。如果你足够相信自己，相信自己一定能做到，那你也会理所当然地变得更加出色。这种驱动力量隐藏在你的潜意识当中，所以你必须找到这种潜意识，让其成为你前进的动力。

用目标来暗示行动：相信自己一定能做到

假如你打算去商场买手提袋。一进到店里，你注意到对面柜台正在销售手表，橱窗里放着醒目的广告，上面高昂的标价令人咂舌。你虽然并不打算买这款天价手表，但它昂贵的价格会不会在潜意识里对你购买手提袋的心理价位产生影响呢？

我们再设想另外一种情况：我们一进店门，就看到大厅里摆放着一排货架，上面胡乱地堆放着一些衣服，广告牌上是几个醒目的大字："大促销，每件10元。"你或许对这些过季的衣服兴趣不大，但它低廉的价格会不会在潜意识里对你购买手提袋的心理价位产生一定的影响呢？

这其实是一种非常典型的暗示效应。心理学上对暗示效应是这样定义的：暗示效应是指在无对抗的条件下，用含蓄、抽象诱导的间接方法对人们的心理和行为产生影响，从而诱导人们按照一定的方式去行动或接受一定的意见，使其思想、行为与暗示者期望的目标相符合。这样的暗示，有外界对我们的暗示，也有我们的自我暗示。所谓的自我暗示是指：人或环境以非常自然的方式向自己的意识发出信息，我们的潜意识在无意中已经接收了这种信息，从而做出相应的反应的一种心理现象。苏联生理学家巴甫洛夫认为：暗示是人类最简化、最典型的条件反射。很多时候，我们去做某一件事时会经常受到外界因素的干扰，也许这些因素并非刻意的，却经常能够影响到你。

关于自我暗示，心理学家做过专门的"疼痛实验"。

美国的一位心理学家招募了几名志愿者，他在这些志愿者身上制造出疼痛，之后又使用麻醉药帮助他们缓解疼痛。一连持续几天之后，到了实验的最后阶段，他用生理盐水替代了麻醉药，奇怪的是，仍然有一些志愿者坚信自己的疼痛得到了有效的缓解。

后来，意大利的一位学者把这个实验升级了，他在连续做了几天实验之后，给志愿者换上了抑制麻醉药的药物，也就是说，这种药物非但不能起到缓解疼痛的效果，反而会带来更严重的疼痛。在没有把这个情况告诉实验者之前，对方都说疼痛得到了缓解，可一旦他将这一情况告知对方，对方会立刻感觉到疼痛。

这两次实验的过程中，被试者都以为工作人员给他们注射的是缓解疼痛的药物，所以他们果真就觉得不痛了。可一旦工作人员告诉他们，这些药物不能缓解疼痛，他们就会立即感觉到疼痛。在这个过程中，被试者产生了心理暗示，正是这种心理暗示影响了他们身上的疼痛感。

可见，心理暗示可以对人的心理和行为带来巨大的影响。

在职场当中，我们也经常会遇到这样的问题。当我们面临一件十分困难的事情时，心里可能会打仗，认为自己可能无法完成这样的工作，但是当我们下定决心、鼓足勇气去做时，不知不觉间，就会发现，问题很快就得到了解决。

这就是暗示效应在职场当中的作用。面对工作中的难题，我们可以通过心理暗示的方法来改变自己的心理和行为。当我们遭遇难题时，不妨这样给自己打气："嗯，这个事情我做过，一定能做好，我能行。""上级既然把这么重要的任务给了我，说明他还是相信我、认可我的，我不能辜负他的信任，因为我是有这个能力的。""别人都能做好，我又不比别人差，所以我也一定可以的。"

这些话看似简简单单，但是对人的心理肯定会产生一定的作用。心理学上称之为"鼓励法"。也就是说，我们不但可以鼓励别人，让他们做好某件事，也可以让自己获得鼓励。

当然，心理暗示并非万金油。它其实也存在着一些弊端，比如说，过强的心理暗示就可能导致一个人的盲目自信和自大，弄不清楚现实和理想的差距。所以，我们必须要让心理暗示朝一个正确积极的方向走，只有这样，我们才能够将自己的行为引向正途。

我们在做一件事的时候，最难的不是做它的过程，而是鼓起勇气开始。所以，我们一旦决定做某事，就要给自己好的心理暗示：相信自己，一定能做成！

自我实现的预言：我可以更出色

心理学里，有一条定理叫"基利定理"。它的解释是这样的：一个人若想干出一番惊人的业绩，一定要具有坦然自如地面对失败的积极态度。千万不可一遭受挫折便把自己彻底否定了。其实，这条定理说明了这样一个道理：有时候，一个人能不能成功，看的并不是智商，而是看我们在挫折面前的承受能力。实验证明，那些能自我开解的人，才更能把事情坚持做下去。这个时代的很多事业，大多都是长跑，在中途不停地自我鼓励，比努力更重要。我们每个人都要有会说"我可以更出色"的能力，否则永远都与成功无缘。基利定理被无数成功人士推崇，其中就包括"世界第一 CEO（首席执行官）"韦尔奇。

20 世纪 60 年代中期，韦尔奇还只是美国通用电气公司一名普通的工程师。年轻气盛的他虽然有很多想法，也有自己的追求，但在现实中，他的梦想遭受了很大的考验。

有一次，韦尔奇踌躇满志，正准备大干一场的时候，一件不幸的事情发生了：实验的研究设备突然发生爆炸，三千多万美元的实验设备和厂房瞬间化为灰烬，爆炸原因不明。

因为这场突如其来的灾难和变故，韦尔奇的精神也面临崩溃。在面对总部派来调查事故原因的高级官员时，他觉得自己这辈子都不可能再翻身了。

可令他没有想到的是，这位官员对韦尔奇提出的第一个问题是："我们从这次实验中得到了什么没有？"

韦尔奇先是一惊,然后苦涩地回答道:"这证明了我们这次实验行不通。"

调查官员说:"这就好,数千万美元虽然是个大数目,但庆幸的是我们并非一无所得,那才是最可怕的。"

一场惊天动地的"重大事故"就这样解决了。这件事情给了韦尔奇很多启发——任何悲观的事情里,都能找到积极的部分。不要被挫折伤害得一蹶不振。后来,他凭借着自己的努力,带领通用电气公司实现了二十年的高速发展。

的确,失败会给一个人带来经济上的损失、精神上的痛苦。没人喜欢失败。但有的时候,失败就像是霉运一样,你越逃避,它越猖狂。没有人能够保证自己一生都不遭受一次失败。如果失败是在所难免的,那我们面临失败的态度,决定了我们最终能够从失败中获得什么。

其实,很多时候,人们恐惧失败并不是因为失败本身,而是从潜意识里担心失败带来什么样的严重后果。著名生理学家巴甫洛夫做了一个关于条件反射的实验,我们在看到别人遭受失败后的状态时,对失败也会产生"条件反射",恐惧失败,畏惧失败,以至于畏首畏尾,止步不前。

积极的心理暗示,是促成一个人把事情做成的重要因素之一。这种潜意识里的暗示,给了我们一次次尝试和努力往下进行的基础。曾经有一个妈妈告诉我,不管在什么情况下,她总会给她的孩子正向反馈,因此她的孩子会一直有干劲儿。

反观每年毕业季,新闻报道上总会出现这样一个名词——校漂族。所谓校漂族,是指那些已经毕业了,但没有找到工作,仍然居住在学校里或在学校附近的应届大学毕业生。

为什么会出现校漂族?上海某大学的 2014 级本科毕业生小力在接

受采访时说："我并非对社会存在恐惧，也不是没有去找工作，只是我遭到的拒绝太多了，不想再被拒绝了。"

不想再被拒绝，其实就是对失败的恐惧。被拒绝了一次，毕业生就觉得自己又失败了一次，自己又成了一名失业者，所以，抱着消极态度，干脆就不再出去找工作了，继续做一个"学生"。

这些校漂族对失败的恐惧可见一斑。

其实，失败只不过是一种状态，它与成功一样，都是对我们努力的一种反映。而实际上，失败是现有语境当中人们对"没有做成一件事"的评价，也就是说，失败只是没有达到我们的某个目标，其影响不会太大。

在人生旅途中，假使我们因为害怕失败而不去做某件事情，我们首先会失去一次非常好的成功机会，同时，我们也会失去一次很好的锻炼自己的机会。

对于一个人而言，失败带来的后果也远非我们想象中那么恐怖。上级分摊下来的一个任务，如果我们不做，那么自然会有别的人去做，那么这个机会就悄悄溜走了，但是如果我们主动接手，就算我们失败了，无非就说明一个问题——以我现在的状态还不能解决这个问题。

所以，当我们面对可能的失败时一定要做到以下两点：

第一，勇敢抓住机遇。职场上最可怕的不是失败，而是连失败的机会都没有。

第二，付出所有的努力。尽力而为，就算失败了，也不过是一次历练，无伤大雅。

戒除对失败的恐惧心，关键就要去认识失败，认识了失败，我们才能正视失败，也能够离成功更近一些了。

"我是一个聪明的人。"

"我是最棒的。"

"我肯定能出色地完成这份工作。"

日常生活和工作当中，你有没有经常这样鼓励自己？据说，伟大的喜剧演员卓别林每天早上都会对着镜子中的自己说："你很棒，你一定行的！"而我们中又有多少人，每天给予自己这样的鼓励呢？

积极情绪对于人的作用是不言而喻的，无论这鼓励是来自自己还是他人，都能够使得受用者产生强大的自信心和行动力。心理学的"自我实现预言"非常能说明这一点。

自我实现预言，是指我们对待他人的方式会影响到他人的行为，并最终影响他对自己的评价。也就是说，当我们给予别人肯定和鼓励时，会影响到对方的自我评价。我们不停肯定另一个人的能干和实力时，他对自己的评价也会更多地往积极的一面靠拢。

这一理论最著名的实验出自心理学家杰克布森在 1968 年的一次尝试。

首先，他们给一个中学的所有学生做一个智商测试，然后将"虚假的答案"告诉学生的老师，他说其中一些成绩不理想的学生的智商非常高，并把这一消息透露给了这些学生。他还特地告诉他们，这些高智商的学生在未来的学习中会实现飞跃式的进步。

但事实上，杰克布森只是给他们做了一个简单的实验，并没有真正去测试他们的智商。但随后的实验结果是惊人的——那些被老师认为"高智商"的学生在以后的学习当中果然实现了突飞猛进。

后来，杰克布森得出结论：1. 老师的期望值在不知不觉当中给了这些"高智商"的学生鼓励，使得他们投入了更多的感情和精力到学习当中；2. 对于"高智商"的老师，学生也在不知不觉中给予了更多的反馈，促进这些学生成长。

这是自我实现预言给人带来的显著影响，它充分说明了，其实每个人都想让自己表现得更为出色，但他们只是缺乏调动自己积极性和热情的必要动力。鼓励和认同这种自我预言，正是起到了这样的作用。

这是他人评价对个体的影响，同样的道理，我们对待自己的评价也会影响到我们的行为。

德国专家斯普林格在其所著的《激励的神话》一书中写道："强烈的自我激励是成功的先决条件。"如果一个人能够时刻鼓励自己，暗示自己可以克服困难、解决麻烦，那么，他在克服困难和解决麻烦的过程中遇到的障碍一定会比一个怯懦、退缩的人少。

有个青年常为失眠而烦恼万分。

一天晚上，他上床后辗转难眠，因为他恰好失业，债台高筑，按照他目前的经济状况，根本无力偿还。

伤心难过到了凌晨，他忽然对自己提出了这样一个问题："为什么那么多人都能够轻松自如地工作、过日子，我却不能？这到底是为什么？"

想到这个问题后，年轻人开始回顾自己的工作历程。从学校毕业走入社会那一刻起，他觉得自己没有学习什么像样的技能，脑子也不是很灵活，情商也不高，所以找工作时畏畏缩缩，最后选择了一家普通公司里的普通岗位。在工作期间，他并不是没有机会，可是当公司每次需要人站出来的时候，他总觉得自己资历尚浅，没有能力解决。渐渐地，他沦为公司的边缘人物，存在与否对公司影响不大。最终，他被公司裁掉。

想到这些之后，他又对自己进行了深入的剖析，并得出一个结论：我和大部分人是一样的，他们也只是普通人，他们有的我都有，我缺少的也是他们所缺少的，但是他们中有的人却做得比我好，其中一定有原因。

到了后半夜，他终于想明白，自己缺的并不是什么技能、智商、情商，而是一条"我能行"的信念。

经过彻夜思考，他重新认识了自己，给自己定下了一个规矩：每天出门前对自己说三遍"我能行"，哪怕是打扫完卫生都要对自己说一句"我真棒"。

这种自我鼓励的生活方式被他很好地保持了下来，一年后，奇迹发生了，他重新找到了一份非常不错的工作，并在不到一年的时间内当上了总经理助理。他不但改变了自己的经济状况，还彻底改变了自己的精神状态——他变成了一个自信满满的人。

这便是自我鼓励的巨大作用，当我们每天沉溺在失败的痛苦和失误的懊恼中时，很多人都渴望得到他人的安慰和鼓励，殊不知，在人生的道路上，自己才是自己最好的心灵导师。我们对自己的鼓励有时甚至比他人的鼓励更有作用，因为一个人只有彻底劝服了自己，才能够无坚不摧。

那些自我鼓励，如同一口新鲜空气，可以让人瞬间焕发活力，产生巨大的行动力。只要愿意，我们就可以培养自身面对困难时的钝感力，不断地自我充实，努力让自己变成一个充满自信和活力的人。

选择什么样的环境，就会拥有什么样的人生

西方著名精神学家弗洛伊德曾经提出过关于原生家庭的理论——童年时期的遭遇会决定一个人以后的主要性格。一个从小就受父母虐待，得不到关爱的人，长大后会产生"爱"的障碍，不仅性格沉闷，在与外人交往的时候，表现也会十分冷漠。

相信这种理论大家或多或少都听过——一个人的外部环境因素可以决定一个人的成长和发展。后来人们把这种现象称为"泡菜效应"，也就是同样的蔬菜在不同的水中浸泡一段时间后，将它们分开煮，其味道是不一样的。泡菜效应正是说明了外部环境这个"圈子"的重要性。

正是由于外部环境如此重要，所以我们经常能够听到类似这样的话："高平台决定高发展。"作为一个"社会人"，我们每天做的事大多是与人交际，可以说，和形形色色的"人群"交往，构成了我们生活的主题。

古人说："物以类聚，人以群分。"这句话的意思很简单，我们是什么样的人，那么我们就会进什么样的圈子。但我觉得在当今社会语态下，这句话的意思可以解读为："我们想成为什么样的人，就应该进入什么样的圈子。"

这里所说的"圈子"只是一个虚拟的"涵盖面"，实质上，构成这个圈子的也正是各种各样的人。俗话说得好，交朋友不难，交好朋友却是"难上加难"。碰上一群对的人，那我们就能进入一个好圈子，而进入一个好的圈子往往是我们成功的先决条件。

中国古代有"一人得道，鸡犬升天"的例子，说的其实就是"跟对人"的好处。在当今社会，跟对人同样也能决定一个人的命运。

刘君听说大学同学张鸣最近开了一家投资公司，打电话向他表示祝贺，同时也说出了自己的不解："你在银行干得好好的，怎么想到自己开公司了？"

张鸣在电话那头笑着说："帮别人打工，待遇再好也是打工，我现在厌倦了，想自己做些事情。"

其实刘君心里一直很纳闷儿：这个同学虽说在银行上班，但拿的也是死工资，怎么突然就有了这么大的手笔，开起公司来了？

疑问抛过去之后，张鸣在电话那头悠悠地说道："我哪有这么大能耐，还不是仰仗几个朋友帮忙！"

接着他告诉刘君自己开公司前的一段经历。

原来张鸣在银行上班没几年就报考了一所大学的工商管理硕士，他坦言自己当初并不是冲着学知识去的，而是想通过相关课程认识一些有能力的人物。

张鸣说，当时班上有几个搞投资的大老板，从他们口中，他也知道了一些投资的门道，平时没事时，他还经常上这几个同学公司里探访，一来二去就萌生了自己开一家公司的想法。

听完他的解释，刘君还有一事不解，问道："经验、能力可以从别人身上学来，那你的这笔资金又是从哪儿来的？"

张鸣哈哈一笑，说道："这几年我靠着他们的指点做了几笔投资，这开公司的钱不就是从这里来的吗？"

刘君听完豁然开朗。

这件事充分说明了环境的重要性。一个人如果想要成功，就应该多和成功人士接触。原因也很简单，因为大家都知道，商界成功人士都是通过激烈竞争爬上来的行业翘楚，他们的能力和经验能让大多数人为之侧目。而只要我们能够与他们接触，成为朋友，乃至合作伙伴，那么就可以学习到他们的经验和能力，少走很多弯路，便能获得成功。

选择和什么样的人在一起，就选择了什么样的环境。而环境不同，我们所收获的人生也会不尽相同。

记得有一位刚毕业找工作时遇到困难的大学生，对人吐苦水说，刚进大学那会儿，他还有些"雄心壮志"，想靠自己的努力顺利毕业，习得一技之长。大一时他还整天泡图书馆，从不翘课，也没挂科。但到大二之后，宿舍里几个人玩起了游戏，一开始，他还能克制自己，但到了后来，他也耐不住寂寞，跟着一个同学成天在宿舍玩游戏，这一玩，大学四年竟就这么匆匆过去了。

在与人交谈时，这位毕业生眼神中满是悔意，他重复得最多的一句话便是："要是当时没跟着他们一起玩，现在也不至于落得这步田地。"

这种现象在大学校园中十分常见，以至于有人将它总结为一种"宿舍文化"：同一个宿舍的人，如果大部分人都很上进，那一个原本懒惰的人也会逐渐变得上进起来，因为那种努力的气氛最终会感染到他；但如果宿舍里的人多是抱着得过且过的态度混日子，那么再上进的人也有可能变得跟他们一样堕落。

记得有一个曾经在大公司上班的人说，他刚进公司的时候，公司的工作氛围非常好，每天晚上七八点，公司还灯火通明，大家干劲儿十足。短短的两年，他学到了很多东西，公司的效益也非常好。后来因为空降了一个领导，公司改组，很多能人离职了，他想着还是再坚持做两年，便还是在公司做了两年。两年后，他和前同事聚会，发现自己的思维和技术方面，已经落后了他们很多。

所以说，环境很重要，选择"伙伴"很重要。

管理情绪的秘密，是学会协调"内部动机"

看到一篇文章的标题：大部分人活着的目的，其实是谋生。确实，我每天朝出夕归，都会在拥挤的地铁、公交中看到一张张焦虑的脸。大部分人在为了生活奔波时，难免带着某种焦虑感。

"打骂熊孩子""一言不合就吵架"让人感觉很多人的情绪很浮躁。

其实，每个人都有情绪，我们如何管理情绪，对我们的生活有至关重要的作用。人自发地对情绪进行管理就是内部动机。有一个寓言故事或许能更形象地阐述何为内部动机。

有一棵桃树，每年能够结一百个果子，但有九十个都被人摘走了，自己只剩下十个。桃树很气愤，觉得这都是自己辛辛苦苦"孕育"出的，凭什么多数让别人拿走。于是第二年，桃树放弃了成长，只结了五十个果子，让别人拿走了四十个。桃树心里一合计，结一百个果子和结五十个果子到最后都剩下十个，还是少出点儿力为好，结果它又放弃了成长。后来这棵桃树结的果子越来越少，最后一个果子也长不出来了，枯死在院子里。

这棵桃树对果子数量和自身成长的态度正是一种内部动机的表现。桃树只看到了表象，忽略了它对自身成长的影响。这虽然是一则寓言，却能给我们很多启示。如果桃树协调好内部动机，或许它来年就能够长出一千个果子。果子的数量其实并不重要，重要的是从一棵小桃树长成大树的过程，如果到了那个时候，任何阻碍自身变粗变强的因素都不值得一提。

一个人的内部动机可以说为他从事某项工作成与败、好与坏奠定了基调。现实中，很多人一开始工作的时候意气风发、信心爆棚，有的甚至树立了夸张的职业规划和个人目标，结果，工作头一遭就碰了一鼻子灰，比如没有得到领导的重视，把一个简单的工作做砸了，遭到领导的严厉批评，所发的薪水和自己的预期目标相去甚远，等等，然后就灰心丧气，干劲儿全失，俨然变成了那棵放弃成长的桃树，最后不再努力，愿意用自己当下的能力去匹配所得的"果子"。等到若干年之后，我们回首这时的自己，发现当年的雄心壮志早已经不复存在，是负面情绪的内部动机在那个时候阻碍了我们的工作有进一步的发展。

我们之所以会犯这样的错误，是因为我们不会管理自己的情绪。为什么有时候当我们有一个辞职的念头时，我们就觉得工作一天也干不下去了呢？因为我们没有办法再说服自己忍受工作中的负面情绪。这种"一天也干不下去"就是我们内部动机已经缺失的结果。正因为我们贪图一时的工作绩效，没有看到长远的发展，再加上耐挫性的欠缺，造成了工作和成长的停滞不前。总体说来，内部动机并没有指向性，它跟随我们的意识驱动而行动，因此，这就要求我们在工作中，能够正确认识到工作的价值所在，驱除外部因素和片面价值观的干扰。

关于这一点，曾经有一个年长的心理学家无意间做了一个实验：

一位心理学家退休后，在家里过上了平静舒适的生活，但是在他家旁边有一所小学校，每到中午上学前，就有几个学生在他家床边嬉戏打闹，扰得心理学家不能好好午休。忍了几天之后，心理学家终于承受不住，但是他没有出去向几个孩子大发脾气，而是想通过一个心理实验，看看能不能让他们自动离开。

心理学家打开门，掏出钱包给每个孩子十元钱，说："我非常喜欢你们在我的窗前玩儿，听到你们嬉戏打闹的声音，勾起了我对童年的回忆，希望你们明天还能来。"几个学生拿着钱兴高采烈地走了。

第二天，几个学生又来了，这一次心理学家给了每人五元钱。等到第三天的时候，心理学家将钱数减少到了两元钱。这一次，学生们看到拿到的钱越来越少，脸上的笑容也渐渐消失了，有的很不开心地自言自语道："只有两块钱，真没意思！"心理学家讲，自己退休了，收入有限。学生们垂头丧气地离开了，之后再也没有到心理学家的窗前玩。

这个心理小实验进一步阐明了内部动机所产生的效能，几个小学生之所以最后会离开，是因为后两次的玩耍已经不是为了他们自己而玩，而是出于一种被动的驱使。其实对于人的心理动机来讲，不仅仅有内部动机，还有外部动机。内部动机是自我掌控的一种动机，我们是主人。而外部动机则是凌驾于我们主观意愿之上的动机，我们一旦被它左右，便会成为关在笼子里的鸟，失去人身自由。

如果把这个小实验所揭示的意义还原到我们的日常工作中，老板给的一些物质奖励、职位奖励，正如心理学家给小学生的钱，操控了我们的行为，同时也影响了我们的内部动机，令我们迷失，不能判断工作究竟是为了这些有限的物质结果还是为了自身工作能力的提升。

而那些自己本身有所追求的人，他们潜意识里的内部动机是完善自我的提升，所以他们总能说服自己去把手上的事情干好，更能从这些事情里体悟到快感。

事实上，只要协调好自身的内部动机，我们完全不让它受主观因素和外部动机的影响，方法并不难，那就是将工作的价值还原成工作本身。

我们工作的目的可以是得到更多薪酬、晋升，但那不是全部。我们在事业上的付出，是为了我们从专注力中获得快乐，也是为了成就自我价值，更是一种对自身发展的全局性把握。把眼光放长远，真正的成功不是眼前的蝇头小利，而是从工作中提炼出的对自身价值的判断力和自信心，只有这样，我们才能在长期的工作过程中不断证明自己的价值。

05

第五章

从普通走向卓越的行为意识源代码：

积极暗示

有人曾说过："一切的成就，一切的财富，都始于一个意念。"巨大的差异决定了人生是成功、幸福，还是不幸。这种原本很小的差异就是遇事所采取的心理暗示。你习惯于在心理上进行什么样的自我暗示，是成与败的根本原因。

别怕太简单：总是把事情做成的人，
才能有信心进行下一步

1966 年，美国著名心理学家弗里德曼和他的同伴做了一项非常有趣的实验。

他派人随机访问了周边的几个家庭主妇，并请求她们能让自己挂一块小招牌到她们的窗户上。出人意料的是，这些家庭主妇竟然全都同意了弗里德曼的要求。

又过了一段时间，弗里德曼和他的团队再次请求她们将一个不仅很大而且会影响美观的大招牌放到她们的后院，结果有半数的主妇同意了。

与此同时，实验者们也在别的地方做调查，他们选取同样数量的家庭主妇，并直接询问她们能否将那块大招牌直接放到人家的后院。结果是令人错愕的：只有 20% 的人同意了实验者们的要求。

根据这个实验，弗里德曼总结了一个道理——在一般情况下，人们都不愿意直接接受难度较高的要求，因为这样的要求在他们看来既费时又费力；相反，人们大都愿意去接受一些难度比较低的要求，而在他们答应了这个较低的要求之后，我们再提较高的要求，人们就变得乐于接受了。

这个实验，后来成了心理学上十分著名的"登门槛效应实验"。

其实，大多数人在干一件事时，潜意识里都是希望麻烦越少越好。但在结果上，很多人都渴望越成功越好。

一口很难吃出一个大胖子，所以一味求快并不是工作的良方，因为有的时候，快很容易出错，只有耐心去做，才能尽量保证顺利完成任务。

在销售领域，这个理论有很强的适应性。

销售员刘玲的工作是推销公司生产的沐浴露，最初，她遭遇了无数次的拒绝。因为她每次的开场白都是："请问您需要沐浴露吗？这款产品是我们公司现在推出的一款新产品，非常好用。"可惜的是，她虽然很卖力地推销，但屡吃闭门羹。

后来，一位前辈告诉了她另外一种推销方式。

于是，她开始这样做：

每次向顾客推销自己的产品时，她不再急于问他们是否需要，而是首先向顾客表明："这些产品你们不买也没有关系，但可以允许我为你们做一次详细的介绍吗？"

对这样一个简单的要求，很多人都愿意答应。

然后她又介绍起自己的产品来："这是我们公司新开发的产品，是采用新技术制作的，它的特点是……"

说完这些，她会继续对顾客说："这里有一些试用产品，你们可以拿回去尝试一下，当然，这些都是免费的。"

面对赠送的产品，大多数人都选择了接受，毕竟经过刘玲的一番介绍，顾客都有些动心了，况且这次又是赠品，他们当然就更乐意接受了。

这个时候，有趣的事情就发生了，一些顾客觉得刘玲赠送的试用品量很少，要试用的话还不如多拿一些，但是他们也知道，试用品不是无限制地赠送。于是，一些人当场就会买下几瓶。另外一些人有些犹豫，刘玲就对他们说："你们可以留下号码吗？我过几天想听取一下你们对我们产品的试用感想。如果您需要，可以再联系我。"

其实，在刘玲第二次敲开顾客家门之后，她的产品就已经卖出去了。

这便是"登门槛效应"的典范。

一步一步地来，才能尽量避免行差踏错。有的时候，我们可能会面临一些复杂的工作，如果这个时候急于求成，就很有可能事倍功半。例如，记者在每次采访时都需要针对采访对象做一些专业知识的补充，先和采访对象热络起来，然后才开始问一些比较深入的问题，如果他们什么也不做，就不管不顾地去采访，那么还能达到最好的采访效果吗？

所以，做很多事情就如同文火煨汤，我们要从简单的地方着手规划，把一个整体目标切割成若干个小目标，不要想着一步登天，这样，我们才能克服自己的畏惧心理，把这件事完成。

放弃"沉没成本":别让一时的不舍，影响我们未来的人生

假如你花了一千块钱参加了一个健身俱乐部，可以在一年内免费试用俱乐部的所有健身器材。但令你没有想到的是，刚做了三个星期的训练，你就不幸韧带拉伤，不得不去医院治疗。

医生检查完之后告诉你，你的伤势比较严重，一年之内最好不要做任何剧烈运动。

这个时候，你可能会陷入两难的境地，如果放弃去健身，那么一千块钱算是白花了，肯定会很心疼，但是如果继续坚持下去，韧带拉伤可能会变得更严重，对身体极为不好。

其实，类似这样的情况经常会发生。在经济学当中，这种损耗被称为"沉没成本"。

所谓的"沉没成本"指的是由于过去的决策已经发生了的，而不能由现在或将来的任何决策改变的成本。

在经济学当中，沉没成本产生的原因有以下几点：

1. 策划或决策失误。

2. 前期调研、评估、论证工作准备不足，造成中途出问题而无法进行下去。

3. 有良好的策划、计划，但执行中偏离轨道，造成事与愿违。

4. 执行中发现存在问题，但没有及时调整策略、方案，而是一意孤行。

5. 危机处理能力不足或措施不当，使事态扩大。

细心比对一下，我们会发现，其实不光是在经济学当中，沉没成本出现的原因在生活当中也非常常见。

有太多的人会因为自己一时的错误而自怨自艾，以至于耽误了自己去做其他的事情。这种心态就好比是一个人花高价买了一双漂亮的鞋子，结果没穿两天却发现鞋子虽然好看，但穿着它走路有些硌脚。此时，如果选择继续在这双鞋子上面纠结，不甘心自己花的钱打了水漂，那结果只能比"脚不舒服"更严重。

在现实生活中，很多人可能会选择继续穿那双鞋子，因为人们会觉得，既然花了那么多的钱，那就应该让自己感觉值得。因为鞋子穿着有些硌脚就丢掉他，很多人都难以做到。

这就是心理学上的"沉没成本"，与经济学上的理论大同小异。

心理学家布劳克纳认为，由于人们总是存在自我申辩的倾向，不愿承认自己之前的决定是错误的，所以总是很难否定自己，总想着与先前的选择保持一致。另外，他还给出了一种解释，人在遭遇沉没成本时，会由于之前产生了损失，而产生一种想弥补损失的愿望，这种愿望往往会让人继续之前的做法。

而另外两位心理学家阿克斯和布鲁莫认为，一个人之前投入的时间、金钱或者其他的一些资源会影响他再次做出决定，他们觉得，人在做决定的时候之所以不去考虑沉没成本，是因为人们都不愿意接受自己的投入被浪费掉了的事实。

上面的这两种解释其实都反映了一个共同的动机，即人在做出选择时，都会顾及过去的成本和收益。这样也就产生了难以放弃之前行为的心理因素。

其实，沉没成本本就是无法再获得弥补的成本，不但如此，在沉没成本上纠结还容易带来新的成本损失。因此，我们更应该懂得放弃。

一位成功的商人在谈到自己的成功秘诀时对来访者这样说道："我的秘诀很简单：第一条是坚持，第二条还是坚持，第三条也是坚持。"

来访者心里暗暗发笑，这么俗气的回答他已经听了很多遍，没什么新意。可没想到，这位商人在停顿了一下之后又说了一句："还有第四条，那就是放弃。"

看到对方眼中的疑惑，商人解释说："如果你确实努力了，而且已经到了无以复加的程度，事情仍然没有成功，那么你就必须弄清楚，关键问题可能并不是你的努力不够，而是你努力的方向不对或者是能力不足。在这个时候，最明智的选择不是继续坚持，而是勇敢地放弃。"

来访者恍然大悟。

其实，人生就是一个充满坚持和放弃的过程。碰到值得坚持、自己能够搞定的事情，就一定要坚持下去。而一旦我们陷入某种瓶颈的时候，一定要想到，问题是不是出在我们过于"坚持"上了。

但值得注意的是，我们所说的放弃并非一碰到难题或者是看似难以挽回的事情就撒手不管了，而是要找准时机。而找准时机的前提就是搞清楚问题是否属于沉没成本的范畴。

比如说，一件事情如果通过努力就可以完成，那么我们就必须坚持，而一旦我们碰到一件无论如何都无法完成的难题，就不能纠结于已经投入进去的时间和精力成本，而是要考虑为自己节省更多的成本，不要在这沉没成本上做过多的纠结。

其实，职场当中有很多无法改变或者无法完成的任务，与其为此烦恼，倒不如让自己开心一点，看开一点。何不潇洒放弃呢？殊不知，很多时候，放弃也不失为一种智慧。

警惕舒适区域：在陷入舒适区域时，
记得自我提醒

辽阔的非洲草原上生活着很多动物，其中就包括狮子和羚羊。狮子是羚羊的天敌，常常为各自的生存而斗。

羚羊必须保证在自身安全的情况下尽可能多地补充草料，它一边吃草一边警惕地观察四周的环境。

而狮子同样面临着生存压力，它每捕捉一次猎物，都可以保证一个星期不用再打猎。

一个明亮的早晨，太阳照常升起，狮子悄悄地接近一只羚羊。它是一名优秀的猎手，有着极强的耐心。

而羚羊此时也在警惕着四周的动静，它知道，一旦有什么风吹草动，它必须铆足劲儿奔跑。

突然，狮子发现了机会，在羚羊低头吃草的那一刻，像一支利箭一样冲了出去。而羚羊也发现了狮子，撒腿就跑。

两只动物开始了漫长的追逐。但狮子追了很久，也没有追到羚羊，在出树林前，羚羊消失在了它的眼前。

此时的狮子虽然有些失望，但并没有灰心，它只是弄不明白，凭自己的技巧和速度，为什么追不上这只羚羊。

在接下来的几天，这只狮子不停地失败，一个星期快到了，狮子的肚子已经完全空了，但它仍然没有捕捉到一只羚羊。终于，在第七天，狮子重整旗鼓，再次出发，不过这次它的心态已经完全不一样了，它知道，如果今天还没能捕捉到猎物，那么明天它就不可能跑得过羚羊了。

令人感到奇怪的是，这一次，它成功了。而在接下来的这段时间内，观察人员发现，每一次这只狮子都是在第六天或者第七天才捕捉到羚羊，而在饱腹的一两天内，它根本撵不上羚羊。

其中一位观察人员搞不清楚这是为什么，于是问另外一个人："为什么狮子总是在最后才能捕捉到猎物？"

对方回答说："因为在最初，狮子是为了一顿饭而奔跑，而羚羊却是为了性命而奔跑啊！"

这位观察人员恍然大悟。

狮子是为了一顿饭而奔跑，而羚羊却是为了性命而奔跑，因为奔跑的理由不同，结果，本该跑得更快的狮子居然没有追到羚羊。而当形势发生转变，狮子也面临性命之忧的时候，它就追到了羚羊。

可见，做事情的理由不同，效率和结果也就不同。对此，"梅约定律"给出了一个最好的解释：最迫切的需求往往是最容易实现的。

在职场当中，最迫切的工作往往能够激发出一个人的所有潜能，我们知道某件事不得不做的时候，就一定会拼尽全力、激发出自己最大的潜能去做。

有些人总爱为自己的低效率找借口："哎呀，我的速度是慢啊，我这个人的性格本来就慢半拍。"在梅约定律面前，这种借口其实是完全不成立的。造成这种错觉的原因，很有可能是我们从来都没有把自己的工作当成一件迫切的事情去做。

张芳是一家广告策划公司的策划员，很年轻，也很聪明，但就是有一个毛病——不管做什么事情都喜欢拖。约定今天交策划方案，她每次都会拖上两三天，有时候甚至更久。经理让她改掉这个毛病，她就说，这是她的性格，她觉得花更多的时间才能把策划案做好。

经理一时语塞。为了纠正她的这个毛病，经理决定出奇招儿。一天，他交给张芳一项任务，并且非常认真地告诉她，这个策划案非常重要，而且客户催得紧，如果我们公司不能在一个星期内完成，那么不但不能得到这个项目，还要赔偿一定的违约金。

张芳一听就慌了："这样的一个策划案，怎么可能在一个星期之内赶出来？"

经理说："我不管，这是你的事，如果一个星期后我没看到一个完整的策划案，你就看着办吧。"

张芳很是委屈，但也无可奈何。

结果，在第六天的晚上，经理就收到了这个策划案的邮件，邮箱中还附上了这样一段话："经理，我终于知道自己的速度有多快了，感谢这次紧急任务，它让我重新认识了自己。"

其实，人的潜力是巨大的，很多时候，我们只是因为把太多的事情当作"不急迫"的工作来看待，才导致我们在工作上有所懈怠，所以，在面对任何工作的时候，一定不能把它看成一次不重要不急迫的尝试，而应当把它当成非常急迫且非常重要的工作，激发出自己的潜能，也只有这样，我们才能够真正地认识自己！

1927 年，心理学家蔡尼戈进行了一项十分有趣的实验。

他从大学校园里找来了一些数学系的学生，将他们分为两组，让他们一起去做一道难度比较大的题目。

在实验过程中，他先让第一组顺利解答完题目，而在第二组答题的时候，他却突然下令，中止了他们的答题行动。

过了一段时间，他让两组成员分别去回忆先前的答题内容。结果显示：第二组未完成的学生平均可以回忆 68% 的内容，而已经完成的学生却只能回忆出 43%。也就是说，在上述条件下，未完成答题的人比已完成答题的人的回忆要保持得好。

这就是著名的"蔡尼戈效应"。

在我们执行某项任务的时候，每个人的潜意识里一开始都或多或少存在着想要把它解决的欲望，而当任务完成的时候，这种欲望就得到了满足。我们也会通过完成这件事获得一定的自我肯定。

这也是答完题目的人容易忘掉题目细节的原因。而对于我们尚未完成的任务，由于我们完成的欲望还没有得到解决，并且这种欲望由于得不到满足反而会越来越强，所以没有答完题目的人，对题目的记忆反而会非常深刻。

这个定律如果运用到工作当中，我们会发现，当我们去做一项工作时，如果我们能够时刻保持解决这份工作的欲望和激情，那么工作自然就可以很快地完成。甚至我们的这份激情和渴望还会在潜意识里影响和我们合作的人。

但是这一论断的成立也是有前提条件的，它必须建立在适度的欲望上，欲望过多或过少都会阻挠工作的快速完成。

那么，该如何保持适度的欲望呢？

首先，在面对工作时，我们必须让自己尽快投入。

有很多人在面对手中的工作时，虽然也希望能够快点儿完成，却总给自己找各种各样的理由。有什么事儿耽搁一下就给自己找借口说："唉，今天状态不好，还是明天再说吧。"等到了明天，又觉得自己以后还是可以做的，再拖一拖没有关系的。最后，当工作变得迫在眉睫的时候，他们才发现，原来时间已经不够了，尽管在最后时刻，他们投入工作的欲望变强了，但是由于没有充足的准备时间，工作一时半会儿也不能完成，最终只能向它投降。

这种情况的出现是因为人们在面对工作时"完成欲望"太过薄弱。这种薄弱的欲望容易造成工作效率低下，甚至是半途而废。比如说，原本一个星期就可以完成的工作，一个完成欲望较弱的人往往会拖到第六天才开始去做，最后要么完不成任务，要么草草了事。

而造成欲望薄弱的关键因素就在于，当任务出现时，我们没有及时地投入其中，"蔡尼戈效应"生效的前提是"已经开始工作，并且存留了一部分记忆在脑海中，然后刺激完成欲望的产生"。理所当然的，在投入工作之前，这种完成欲望会显得相当薄弱，而这又会形成一种恶性循环，最终导致工作越拖越久，最后悬而不决。

久而久之，我们就会越来越懒散。

所以，无论我们面对多么困难的任务，都应该立刻投入其中，这可以帮助我们培养对工作的完成欲望。

其次，我们在投入工作时必须适可而止。

为什么要适可而止？现在有很多人游戏成瘾，归根结底的原因就是他们对游戏的欲望太过强烈，今天没有打通关，那么晚上不睡觉也要玩。这种心理甚至会导致人不饮不食，达到近乎疯狂的地步。

同样的，在工作当中，一个完成欲望过强的人也会给自己带来困扰，一旦任务没有按照自己设想的方向走，那么他很有可能出现一种非常苦闷的失落心理，在这种情况下，很难保证他不会做出什么过激的事情，甚至是直接放弃这项工作。

那么，该如何抑制自身过强的完成欲望呢？其实也很简单，就如同一根弹簧绷得太久会失去弹性一样，人也不能长时间在太过紧张的环境下工作，所以必须要学会让自己得到适当的放松，给自己一点呼吸的空间。只有这样，才能够以更好的心态去面对眼前的工作。

一个从来没想过要把工作做完的人根本谈不上什么效率，而一个非得把每件事做完的人也有些矫枉过正，并非长久之计，所以我们要根据自身情况，为自己找到一个适度的状态，只有这样，才能产生高于预想的工作效率。

关注"蓝柏格定理"：优秀的人，是如何把压力转化为奋斗的动力的

在谈到压力时，有的人觉得，压力给人带来太多的负面情绪，是不好的东西；也有人觉得，井无压力不出水，人无压力轻飘飘，人应该有压力。

这两种看法是大多数人对"压力"的态度。可以肯定的是，压力有时会给人带来负面情绪，有时也会给人带来动力，所以说，两种看法都不完全正确，也都不是毫无道理的。

有位农夫的驴子在走路的过程中，不小心掉进了一口枯井里，农夫想了很多办法都没能把驴子救出来。无奈之下，他决定放弃救援。但他又不忍心听到驴子在井内的哀号，于是决定用土将井内的驴子掩埋起来。他请来一些帮手，让他们铲土运土将驴子埋起来，以减少它的痛苦。

农夫的帮手们每个人手上都拿着一把铲子，他们开始往井里铲土。这头驴子了解到自己的处境，开始不停地哀号。农夫示意他的帮手继续铲土，以尽快解决这件事。

但出人意料的是，一会儿，驴子突然就安静下来了。农夫好奇地探头往井底一看，眼前的景象令他大吃一惊：

当铲进井里的泥土落在驴子的背部时，驴子的反应令人惊奇——土倒在它身上的时候，它将泥土抖落，然后顺势就站到了泥土堆上面！

就这样，驴子将大家铲在它身上的泥土全数抖落在井底，然后再站

上去。很快，这头驴子便上升到了井口，然后在众人惊讶的表情中快步地跑开了！

驴子在意识到主人已经放弃营救它并打算将它活埋的时候，一定是感受到了巨大的生存压力。而恰恰是这种压力，让它的大脑开始飞速运转，最后它想出了这个绝妙的点子，也让自己奇迹般地活了下来。

这是心理学上十分著名的"蓝柏格定理"，发现这个定理的人是美国著名银行家路易斯·蓝柏格。其主要含义是"为员工制造必要的危机感"，没有压力便没有动力，压力只有在能承受它的人那里才会化为动力。

"蓝柏格定理"的核心内容是，为人们制造必要的危机感。压力与动力是矛盾的，并不是所有的压力都能转化成动力。压力变成动力，需要一个转化的条件，那就是压力的承受者有承受压力的能力。若是没有这个条件，压力就只能做惯性运动了。所以，面对压力，我们要积极地改变自己，充实自己，这样才能正确引导各种压力，成为自己前进的动力。就如上文中驴子的情况，在生命的旅程中，我们难免陷入不可预料的"枯井"，也会被各种"泥沙"压身，而想要从"枯井"脱困的秘诀就是：将"泥沙"抖落掉，然后站到上面去！

秦朝末年，生活在水深火热中的人民纷纷起义，反抗秦朝的统治。楚霸王项羽是其中一支军队的领袖。

公元前 208 年，秦将章邯攻破邯郸，反秦武装之一的赵王歇及张耳等被迫退守在巨鹿（今河北平乡西南），被秦朝将军王离围困。

在这种情况下，项羽奉命前去营救，他带领二十万人马去救赵王。当时项羽只是次将，他的上级是宋义。但宋义这个人贪生怕死，不敢贸然营救，而将军队驻扎在安阳之后四十六天按兵不动。对此，项羽十分不满。

项羽跟宋义交涉了一番之后，宋义仍然执迷不悟，项羽一怒之下，拔剑杀了宋义。他提着宋义的人头对将士们说："宋义背叛怀王，我奉命把他杀了。"

于是将士们拥护项羽为上将军，由项羽率领所有的军队渡过黄河营救赵王，以解巨鹿之围。楚军全部渡河后，项羽下了命令：所有士兵先吃一顿饱饭，然后每人带三天的干粮，再把渡河用的船都凿沉，把煮饭用的锅都砸了。项羽用这办法来表示楚军有进无退、一定要夺取胜利的决心。

就这样，在没有退路的情况下，楚军斗志昂扬，以一当十，经过九次激烈的战斗，楚军终于打败秦军，击杀秦军多个主要将领。这一仗不但解了巨鹿之围，而且严重挫伤了秦朝军队的锐气，从此秦军一蹶不振，没过两年，秦朝就在起义军的大旗下灰飞烟灭。

这个故事后来被归纳为一个成语——破釜沉舟，用来比喻不留退路，非打胜仗不可，下决心不顾一切地干到底。

在心理学上，这其实就是"蓝柏格定理"的一种运用，士兵们知道没有退路的时候，就会产生巨大的生存压力，所以也会产生更强的勇气。同样的道理，如果我们在工作当中也能够给自己施加适当的压力，就会产生事半功倍的效果。

当我们觉得自己压力不够的时候，可以通过设定高目标、创造紧迫感等手段来给自己增加压力。比如说，上级交代的一个任务，必须在十天内完成，那么我们可以给自己定一个七天内完成的目标，时间缩短了，难度肯定会有所增加，压力自然也就上来了。

当然，目标也不能定得太高，紧迫感也不能太甚，压力太小不是好事，压力太大同样会造成不良的影响，所以我们必须学会灵活地给自己增减压力。当压力很小的时候，通过种种办法给自己加压；当压力过大的时候，也要学会适当给自己减压。总而言之，我们要给自己设定一个恰当的压力值，这个恰当有一条标准，那就是——既不会被压垮，也要有一种紧张和压迫感，这才是最好的工作状态。

日本有一家规模庞大的生活用品公司，有一天，他们忽然接到了一份投诉信，一位客户在信中说，他们买了这家公司的一些肥皂，但拿回去之后却发现很多肥皂盒都是空的，根本就没有肥皂。

为了避免类似的事情再次发生，公司召开了一次会议，针对"空肥皂盒"问题寻找解决方案。

经过两个多月的调查和研究，他们终于找到了方法：定制一套专门针对肥皂盒的 X 射线装置。这套装置花费了二百多万元。

与他们一样，另外一家生产肥皂的公司也出现了这种问题。但这家企业比较小，他们无力购买如此昂贵的机器。但他们同样解决了这个问题，方法很简单：在生产线的终端放上一台大功率的电风扇，如果肥皂盒是空的，那么电扇就会将肥皂盒吹翻。就这样，他们几乎没花什么成本就把这个问题解决了。

同样的问题，不同的解决方法带来了不同的收获。英国沙垂有限公司创办人 M.沙垂对此有过一句经典的点评：任何问题都有更佳的解决之道。

职场中的确有很多棘手的问题，当我们遭遇这些问题的时候，第一反应会告诉我们这个问题的难度。简单的问题很多人都可以解决，但是在碰到非常困难的问题的时候，有些人就会打起退堂鼓。

北京某集团公司的一位主管曾女士有一次和一家外国企业洽谈合作。为了让两位远道而来的客人能够体验到她的热情，她将他们带到了海南度假，并决定趁度假的时间和他们谈生意。

由于时值冬天，正是海南的旅游高峰期，当地的房源十分紧张。曾女士一行有十几个人，等到他们到达当地之后才发现四星级、五星级宾馆都已经人满为患。

曾女士无奈，只好订了没有星级的宾馆的几间豪华间。

同行的客户和同事了解到情况后也都同意了。可令人没想到的是，当时同去的外国客户中有一对夫妇对宾馆环境特别挑剔，他们在看了曾女士定的房间之后非常不满意，甚至表现得特别生气，认为是曾女士所在的公司小气，连好一点的住宿环境都无法提供。一番争执下来，他们甚至开始收拾行李，准备打道回府。

曾女士无可奈何，只能苦口婆心地劝说，并不停地道歉，可他们还是不同意。按照常理，遇到这样的情况，曾女士应当向单位的领导报告，但当时天色已经很晚了，别说能否联系到领导，就算是联系上了，像这种问题领导也不能解决啊！

住宿的事情一拖再拖，曾女士渐渐失去了理智。在对方不停的抱怨声中，她终于爆发了："现在不是我们让不让你们住五星级宾馆的问题，而是五星级宾馆都已经客满，我们也是实在没有办法，你们要是嫌这里脏，可以自己去找五星级宾馆住。"

她的话音刚落，两位外国客户就愤怒地转身离开了。

这一晚，所有的人不欢而散。等到第二天，曾女士找到这两位客户的时候，他们已经在准备回程。曾女士见到他们就开始诉苦衷："我昨天是因为太着急了，所以没有控制好自己的脾气，请你们一定要见谅。况且你们也看到了，我昨天找了很久也没有找到合适的宾馆啊！"

其中一位外国客户说道："曹小姐，我们对你昨天发脾气的事情并不计较，这也不是最重要的，最重要的是，我们俩昨天问了几个当地人，在他们的指引下，我们找到了符合我们要求的宾馆。"

曾女士一时愕然。

因为曾女士的工作失误，这次合作无奈搁浅。

在问题面前，曾女士总觉得想要解决它很难，让自己陷入了困难当中，没有想过用更好的办法去解决，所以她也因此酿成祸事。也是直到有了两位客户的提醒之后，她才想到，自己当时竟然没有尽全力去寻找，连问当地人这样简单的办法都没有去试，不失败才怪呢！

所以，在面对困难时，我们一定要先给自己打气，无论怎么样，都不要对还没有解决的问题产生绝望感，要相信，无论什么问题都有解决的办法。

对此，我们需要改变自己的三点心态：

1.要相信方法永远比问题多。俗话说兵来将挡，水来土掩。一把锁只是一把锁，钥匙却可以有很多把。通过细心研究之后，我们会发现，任何问题都不止一种解决方法，拥有这种心态才能有决心和勇气去寻找解决问题的方法。

2.要尽可能多地找到解决问题的方法。比如说，一个行政文员需要将 PDF 文件转换成 Word 文档，就有非常多的办法。我们不妨将这些办法罗列在纸上：

（1）打开 PDF，将 PDF 文件中的文字直接复制、粘贴到 Word 中。

（2）将 PDF 文件转存为可用来进行 OCR 识别的文件，识别后复制粘贴。

（3）购买专用的 PDF 转 Word 的转换器，进行转换。

3.权衡利弊，找到最适合的办法。上文中"PDF"转"Word"的方式各有利弊，我们需要在具体情况下进行具体分析。

（1）方法一的优点是简单，容易操作，但缺点是太慢，耗时比较长；

（2）方法二的优点是比方法一快，但缺点是可能会存在一些差错；

（3）方法三的优点是速度极快，但需要花钱去购买专用的软件。

在这些分析的基础上，我们就可以进行对比，直到找到一个最好的解决方法。

06

强化自我认知，做自己的主人

在这个世界上，我们每个人都受着潜意识的影响，我们的行为和言谈都是由内而外生成的，可以说很多时候我们人生成就的根源就在于我们自己，所以说，我们就是自己人生的主人，我们的人生是属于我们自己的地盘。

认知是第一步：没有白掉下来的成功

在《双手插在口袋里的人》这部书中有这样一个场景：

杰弗里向牧师抱怨说："上帝真的是太不公平了，有能力的人得不到机会，没能力的人却能成功！约翰，你知道吧？他曾经是我的同学。那时，他的成绩糟糕透了，还经常抄我的作业，现在他居然当上了作家，不但出了很多书，还上了电视。我简直无法想象，这么一个没能力的人，是怎样成功的——"

听了杰弗里的抱怨，牧师打断他的话说："可是，我听说约翰很能吃苦，常常写作到深夜——"

还没等牧师将话说完，杰弗里又接着抱怨道："还有个叫凯文的人，也是我的同学，就他那个身体，连多走几步路都会喘不过气来，现在你猜怎么样？他居然成了体育明星！你想象得到吗？"

牧师回答他说："我听人说，凯文除了吃饭睡觉，所有的时间都花在了训练上——"

没等牧师将话说完，杰弗里又抱怨道："特别让我生气的是迈克，在学校里的时候，他天天吃面包夹青菜叶，谁都知道他的家庭条件最差，现在他居然开了酒楼！"

这次，牧师没有急着说话。杰弗里却急了："你怎么不说话了？你说上帝是不是不公平？"

牧师这才开口："要我说，上帝是公平的。他让饥饿的人有肉吃，让身体瘦弱的人懂得锻炼的重要，给了每一个小鸭做白天鹅的梦想。难道这还不算公平吗？"接着，牧师又说，"对于人生来说，成功就是一架梯子，不管你攀登的技术是好还是坏，但有一点值得记住：双手插在口袋里的人是永远爬不上去的。"

20世纪90年代，当一批毕业生走出西部某师范院校的大门时，一位令人羡慕的优秀毕业生却把市重点高中的聘书折起，决定独自去南方闯荡。只因为那里掀起的改革浪潮震动着她的心弦，南方报刊那些优美、深刻而犀利的文笔曾经拨动她的心弦，她要凭自己的能力在那片神奇而浪漫的土地上，圆自己的作家梦。

一天，她到报社毛遂自荐。总编有点儿意外，看着这个长相一般却充满自信的女孩儿，礼貌地问道："我们报社没登招聘启事啊！你为什么要来报社呢？"

她稍作思考，然后认真地说："主编先生，我很喜欢贵报的风格。而我觉得它还可以更加完善。我很喜欢文学与写作，也想通过贵报把自己的能力证明给你们看。"

总编听完她这番充满自信的话语，眼前一亮。不用怀疑，她能独自一人来到这个于她而言陌生的城市闯荡，本身就是一种顽强生存能力的证明。于是，总编说："我们研究一下。"

一周后，这位学生居然接到了试用通知。

虽然刚开始被分配做校对工作，但她要求自己尽力做好，同时，她利用业余时间把自己的思想变成了文字。不久，她的能力得到了每个编辑的肯定，她也开始向各市报社发稿。两年后，她已成为市里有名的作家，并有了一定的积蓄。后来，她根据自己的生活体验和对生活的思考，写了一部反映时代变迁中人们的心态的长篇小说。书很快销完，她从一个清贫的学生变成了知识新贵。

圆了作家梦后，她并不满足，而是继续向着自己原本陌生的领域挑战自己的能力。一次偶然的机会,她得知一家造船厂正缺资金。经过对项目的调查,她决定放弃优越的工作,辞职创业。从文人到企业家,角色转换的难度可想而知。从多方筹措资金到引进技术、拉客户、做广告等,她一切亲力亲为。最终,她取得了丰厚的收益,也提升了自己的综合能力。

美国总统肯尼迪曾经说过:"不要问你的国家给了你什么,而要问你为你的国家做了什么。"如果你对自己的人生不满意,想一下,你为改变这一处境做了些什么。如果你没有行动起来表现自己的能力,那么,从现在起,拿出你的能力去改变命运吧!用能力来代替抱怨。你会发现,自己曾经渴望的,都能在行动中实现。

在一个礼拜五的下午,马上就要到下班时间了。眼看着双休日即将来临,公司里的每一个人都显得有些慵懒闲散,无心工作。大家在心里盘算着该如何规划这难得的假日,和朋友去外面疯狂地玩一场,或是带家人出去吃一顿大餐,好好地放松一下。

这时,一个西装革履的陌生男人走了进来,他问公司的一位员工麦克,哪儿能找到一名速记员,帮他整理一下手头的资料。这个男人的神色有点儿焦急,因为现在他的手头有一些工作必须在当天完成,如果找不到合适的速记员,他就没法儿按时完成任务。

麦克好奇地问道:"先生,您在哪个部门工作啊?"这个男人回答道:"你可能不认识我,我们其实在同一家公司工作,只不过隶属于不同的部门,听说你们部门有许多打字飞快的速记员,我就找了过来。"

原来如此,可这实在是太不巧了。

麦克原本想告诉他,这个时候,他们部门所有的速记员都跑去看某歌星的演唱会了,如果他再晚来个几分钟,说不定连自己都已经下班回家了。

不过，麦克还是有点儿不忍心，他看了看手表，幸好时间还不是特别晚。于是，他对这个男人表示自己愿意留下来帮忙，因为他觉得一个人的工作必须在当天完成。就这样，两个人紧锣密鼓地工作起来，彼此配合得十分默契，原本需要一个小时才能完成的工作，不到四十分钟就完成了。

顺利完成工作后，男人感到非常高兴，礼貌地问麦克，这次应该付给他多少工钱。

麦克听了，开玩笑地回道："今天也算是帮了您一个大忙，那您就支付我二百美元吧。"男人笑了笑，立马从钱包里掏出二百美元，恭敬地递给了麦克，并对他再三地表示感谢。

麦克不过是开个玩笑，没想到男人竟然把他的话当真了。事情到这儿并没有画上句号，好事还在后头呢。

一个礼拜后，当麦克已经把这件事忘得一干二净的时候，公司人力资源部门的主管杰森突然找到了他，告诉他公司老总决定给他升职加薪。

原来找他帮忙的男人是公司新来的副总，是他将这件事情告诉了公司老总，所以才有了后面这一幕。

面对可能会改变自己工作和生活计划的事儿，麦克并没有选择拒绝，而很多人正是因为在工作当中形成了习惯，不愿意去改变，也不愿意被改变，面对很多机会时，会误以为是麻烦而懒得搭理，自然也就只能庸庸碌碌了。

生物界有一种非常奇妙的蜕皮现象，指的是一些节肢类和爬行类动物隔一段时间自动蜕皮的现象：旧的表皮脱落，新的表皮生长。每一次蜕皮，动物们都要经历巨大的痛苦，但每一次蜕皮之后，它们也能长得更大。

美国的一位心理学家根据动物的这种蜕皮现象，总结出了"蜕皮效应"，说的就是这样一个道理：假如一个人不能够超越自我，拒绝改变，那么，他往往无法进步。

实际上，职场当中有很多习惯抱怨的人，与故事中的麦克相反，他们不愿意去改变自己。而职场上的晋升机遇总爱乔装成"愚人"的样子，一个不愿拒绝而乐于付出和努力的人才是最聪明和富有远见的智者。

为什么那么多的人都把付出和新的调整看成洪水猛兽，一遇见它，就纷纷逃避呢？我觉得问题还是出在人心上。我们对一件事的恐惧往往植根于自己的想象，其实，努力本身并不可怕，是我们带着主观臆断，害怕这挑战会改变自己，所以在脑海里把它妖魔化了。并且，这种自我想象还让我们在挑战面前，不自觉地感到焦虑和无助。实际上，这种焦虑和无助远比挑战本身更为可怕，它让我们给自己增加了不必要的心理负担，损耗了许多内在的元气和精力，直接降低了我们的工作热情。

其实，只要换个角度思考问题，我们就会发现，很多挑战正是化了装的职场机遇。我们只要平时不对挑战说"不"，及时改变自己的思维，不因循守旧、拒绝改变，就一定能够获得我们想要的成功！

放下立竿见影的期望，
懂得延迟满足的人才会笑到最后

20世纪60年代，美国斯坦福大学心理学教授沃尔特·米歇尔设计了一个著名的实验，这个实验是在斯坦福大学校园里的一间幼儿园开始的。

研究人员找来数十名儿童，并且让他们每个人分别单独待在一个只有一张桌子和一把椅子的房间里。他们在桌子上放置托盘，并且在托盘里放上儿童最爱吃的棉花糖和曲奇饼干。

实验员告诉这些小孩子："我们离开后，你们可以立刻吃掉托盘里的零食，但假如你们能够等到我们回来，那么我们就会给你们更多的棉花糖和曲奇饼干作为奖励。"

对于这么小的孩子来说，这样的等待就是一种煎熬。有的孩子为了不去看那诱惑人的棉花糖和曲奇饼干，就捂住自己的眼睛或者背转身体不看它们，还有的孩子为了打发时间，开始做一些小动作——踢桌子、拉自己的辫子，有的甚至用手去打那些零食。

就这样，大多数孩子坚持了三分钟左右就放弃了。最后大约只有总数三分之一的孩子成功延迟了自己对零食的欲望，他们等到研究人员回来时才吃掉了那些零食。理所当然地，这些孩子得到了更多的奖励。

这段时间总共只有十五分钟，却有三分之二的孩子迫不及待地放弃了奖励。

这便是心理学上的一个著名实验——延迟满足测试。

据心理学所说，所谓延迟满足，就是我们平常所说的"忍耐"。为了追求更大的目标，获得更大的享受，可以克制自己的欲望，放弃眼前的诱惑。"延迟满足"不是单纯地让人学会等待，也不是一味地压制人的欲望，更不是让人"只经历风雨而不见彩虹"，说到底，它是一种克服当前的困难情境而力求获得长远利益的能力。

中国一句老话说得好："心急吃不了热豆腐。"很多离成功只差一步的人都是倒在心急的节骨眼儿上，而一些沉得住气、目标极度明确并且极其有自制力和耐心的人才能笑到最后。

而在中国古代，关于延迟满足，也有一个非常著名的故事。

苏秦家中世代以务农为生，但年轻的苏秦并不想就此蹉跎。他到齐国阳城求学，师从鬼谷子，学习纵横之术。苦学三年后，他认为自己已经学有所成，就拜别师傅，周游列国以实现自己的理想。他曾游说秦王采取他的主张，给秦王的信有十封以上，但是都没有被采纳，又游历各国，均无人赏识，最终苏秦因为资金缺乏，穷困潦倒地回家了。

到了家，家里人认为苏秦不事生产，整天就想着以口舌之力追名逐利，结果却因学艺不精又一无所成，因此都嫌弃他。他的妻子不为他织布做衣服，他的嫂子也不为他做饭，他的父母亲也不把他当作儿子。苏秦于是羞愧地认为这些都是自己的错，是自己学艺不精，于是闭门不出，立志要遍观所藏之书。此后，苏秦昼夜苦读典籍，发愤图强。在读书时感到自己要有松懈瞌睡之感的时候，他就毅然决然地拿起锥子刺自己的大腿，依靠疼痛来警醒自己，直到学完当天的功课才睡觉。后来有一次，他甚至读书读到锥子扎破了大腿，血流到了脚下都没有感觉到。

最后，苏秦将诸子百家的学说汇融贯通、学问大成，并得到燕国国君的礼待。燕国国君资助苏秦车马金帛，让他前去游说各国，实现他合纵六国以抗秦的战略思想。苏秦也不负所托，终于联合了齐、楚、燕、赵、魏和韩国一同抵抗当时强大的秦国，使秦国十五年不敢出兵函谷关。苏秦也成为当时唯一佩戴了六国相印之人，显赫一时。

苏秦本可以放弃苦读美美地睡上一觉，也可以过起平常百姓闲适的田园生活，但他没有放弃，并且严格要求自己，一切都只为之后能够获得真正的成功，获得最大的满足。

现在有很多人在取得一点点成就之后就沾沾自喜，不思进取，究其原因，还是说明这些人对自己不够狠，没有长远的眼光。如果让一时的成就阻碍了自己前进的脚步，难道不是一场悲剧吗？

所以，一个人要懂得延迟满足，就算暂时获得了小小的成就，但只要大的目标没有达成，就不能因为这小小的成就而放弃奋斗。更聪明的做法应该是延迟享受成功的喜悦，让这种延迟成为自己的动力，为那个更大的目标积聚更多的力量，唯有此，终极目标方能实现。

没有人一开始就伟大，
所有的伟大都蕴藏在点滴小事里

阿基伯特曾经是美国标准石油公司的一名基层推销员。在进入这家公司的时候，他身份低微，丝毫没有引起别人的注意。

阿基伯特的前途看似渺茫，但他对自己的这份工作十分满意。他有一个工作习惯——每次出差住旅馆时都会在"旅客信息"那一栏写上"每桶四美元的标准石油"字样，甚至在给家人、好友写信、打收据时都会写上这几个字。因此同事们都笑称他为"每桶四美元先生"。

四年后的一天，阿基伯特的事迹传到了标准石油公司董事长洛克菲勒的耳中。洛克菲勒对阿基伯特的做法非常感兴趣，于是邀请这个年轻人与自己共进午餐。

在餐桌上，洛克菲勒问他："你为什么要在所有的签名下面写上'每桶四美元的标准石油'呢？"

阿基伯特回答说："我想让更多的人知道我们的石油！"

这话让洛克菲勒十分感动，他号召公司全体员工向阿基伯特学习。

阿基伯特的习惯让很多人都了解到了他的敬业精神，后来连董事长也对他不吝赞美之词，并提携他成为公司新一任董事长。可见习惯对一个人的成功有多大的影响。

但阿基伯特难道仅仅是依靠自己偶然的一个行为就改变了命运吗？其实不然。从心理学上来讲，人们的行为表现都是原有行为习惯的自然反应，也就是说，阿基伯特之所以有这样的行为是因为他有着尽职尽责的习惯，这种行为只是他习惯的一种自然反应而已。

正因为他潜意识里把手边的每一件小事都当成大事来做，这种认真的习惯已经刻在骨子里，在遇到大事时，这些习惯就会成为他自然而然的反应，他也会因为这些点滴的累积，变成一个伟大的人。

由此可见，在职场中，习惯对于一个人的重要性。所有的伟大，都是从点滴小事做起的。好的习惯能够造就一个人，而坏的习惯也能毁掉一个人。心理学上称好的习惯为"利己习惯"，称不好的习惯为"不利己习惯"。

对于每个人而言，如何培养利己习惯，抑制或者转化不利己习惯，非常重要。

心理学家沃森认为，工作中坏习惯的产生主要来自以下几个方面：

1. 竞争心理

大多数人都好虚荣，为了能够表现自己，就可能衍生出许多不利己习惯。比如说有的人看不惯比自己强的人，所以对他们十分不友好甚至是苛刻。在当今竞争激烈的职场，这种不利己习惯非常普遍。

2. 隐藏自卑感

沃森认为，每个人心中或多或少都会有自卑感，人为了减少自卑带来的痛苦，会养成隐藏不利于自己的一些负面信息，并将自己的一些正面形象无限放大。

3. 婴儿期的滞留品

根据沃森的说法，我们很多习惯是从婴儿时期就带过来的。比如说，一些小孩子虽然到了上学的年龄，却仍然像一个小婴儿一样离不开爸爸妈妈无时无刻的呵护。婴儿时期的一些习惯滞留之后，会让一些成年人做出不符合自己年龄或是身份、形象的举动，比如说一些人到了三十多岁还喜欢玩童年时期的游戏。

4. 难以抗拒谄媚

每个人都知道防人之心不可无的道理，但一旦面对他人的糖衣炮弹，很快就会丢盔弃甲，容易轻信别人。

综上四点，我们可以提出相应的转化方法，即将不利己习惯转变成利己习惯的方法。它们分别是：虚心但不要急功近利，面对短处坦然面对，培养符合自己年龄、身份的习惯，不听言不符实的恭维。

其实，没有人的伟大是天生的。所有的好习惯，都是在一次次反本能的自我要求中逐渐形成的行为模式。形成了良性的行为模式后，我们以后做的每件事都会带着良性的惯性，我们也会因此而事半功倍。当我们一生中大大小小的事都在这种良性的模式下循环时，我们会因此而成就我们自己的伟大。

在我们必须要做的事情里，
发掘出自己感兴趣的点

犹太裔科学家爱因斯坦曾说过："兴趣是一个人最好的老师。"也就是说，一个人如果对某件事情感兴趣，那么它最好的老师就不是一个人，而是这个人本身所有的兴趣。

也正是因为如此，我们很多人在选择的过程中就会对那些感兴趣的东西特别上心，而对那些不感兴趣的东西就有一种天生的排斥。

我国著名数学家陈景润在哥德巴赫猜想方面做出了巨大的贡献，并建立了"陈氏理论"，被人称为"数学王子"。他就是依靠自己的兴趣来学习数学的。

1937年，陈景润考上了福州的英华学院，并因一次偶然的机会聆听了英华校友沈元的演讲，沈元当时是清华大学航空工程系教授。

沈教授在课堂上讲了一个非常有意思的问题。他提出，在约二百年前，一位法国人发现了一个十分有趣的现象：6=3+3，8=5+3，10=5+5，12=5+7，28=5+23……在这一系列的等式当中，每一个大于4的偶数都可以表示为两个奇数的和。因为这个结论没有得到论证，所以它还只是一个有趣的猜想。

紧接着，沈教授做了一个简单的比喻来说明这个猜想，他说："如果说数学是自然科学的皇后，那么，'哥德巴赫猜想'就是皇后王冠上的明珠！"

沈教授讲的这个故事让年轻的陈景润非常激动，也给他留下了深刻的印象，并且，从此之后，陈景润对"哥德巴赫猜想"产生了浓厚的兴趣。从此，陈景润立志于解决这个困扰了人类数百年的难题。他在大学当中的生活开始变得简单有序，每天往返于图书馆与寝室之间，还阅读了大量有关数学研究方面的书籍，在年纪轻轻的时候，就开始了摘取数学皇冠上明珠的艰难历程。

在这个故事当中，陈景润正是依靠着自己对数学和哥德巴赫猜想的浓烈兴趣，才潜心于数学研究，并最终获得了成功。

可见，一个人学习一件自己感兴趣的事情时，更容易学到精髓，提高工作能力，直到最后的成功。同样的道理，对一件我们不感兴趣的事情，我们也会产生天生的排斥感。

在这个充满竞争的社会，很多时候我们都会身不由己，尤其是对一些刚刚步入社会的职场新人来说，更是处处艰辛。有多少人能够找到一份自己十分称心的工作？很多人迫于生活压力都只能选择一份自己并不感兴趣的工作，这也是十分普遍的。

但，很多人并不知道，即便如此，我们依旧可以通过培养自己对工作的兴趣，变被动为主动。如果我们已经进入了该行业，我们也可以坚信，既然别人能够做好这份工作，我其实也可以。

心理学家扎荣茨曾经做过一个实验。

他让一些人观看某个学校毕业生的毕业纪念册，并确保这些人并不认识照片中的任何一个人。在看完纪念册之后，他又拿出照片中几个人的单人照片，有的人有十几张单人照，有的人甚至有几十张。更多的人一次都没有在单人照中出现。

在做完这一切准备工作之后，扎荣茨要求看过照片的人说一说自己对这些人的喜爱程度。结果是惊人的：那些出现次数越高的人，越被大家喜欢。几乎所有人都更喜欢那个有二十多张照片的人。也就是说，看照片的次数增加了他人的喜爱程度。

这就是心理学上注明的"单纯曝光"实验。这个实验的道理引申到职场当中便是：一个人对自己的工作越熟悉越了解，就可能会越喜欢这份工作，即使一开始他对这份工作不是很感兴趣，通过对自己的兴趣培养，这份工作仍然可以成为他感兴趣的对象。

当然，在可选择的范围内，我们尽量建议大家还是去选择自己最感兴趣的职业。但有一点必须要铭记，就算我们在最初选择工作时没有办法选择自己最喜欢的工作，也别忘了培养自己的兴趣，而不是一味地去排斥，让自己爱上这件不得不做的事情，比一味让自己讨厌这件事好得多。

有勇气的人，最终会赢得全世界

1796 年 3 月 10 日，拿破仑面对奥地利人的攻势，在罗迪架起桥，在桥的这边集结法国军队。他的后面是六千人组成的军队。拿破仑在桥头集合了四千名榴弹兵，前面又布置了三百名枪手。随着第一声战鼓的敲响，最前面的士兵在一片爆炸声中冲出了街墙的掩护，试图通过大桥的入口。但突然间，冲在前面的士兵纷纷倒下，如同收割机前的谷子一般。紧接着，整个法国军队停滞不前了，有人甚至开始退缩，英勇的榴弹兵被眼前的情形吓得惊慌失措。

拿破仑一言不发，甚至没有流露出一点责备的意思。他冲到队伍的最前面，他的助手和将军也冲到了他的身旁。由拿破仑打头阵的这支队伍跨过前进道路上的士兵尸体快速前进。奥地利人射出的子弹根本不能阻止法军快速前进的步伐。对于奥地利军队的射击手来说，法军前进的速度实在是太快了。

奇迹就在突然之间出现了：奥地利的炮手几乎在瞬间放弃了他们的武器，他们的后援力量也没有胆量冲上前与法国士兵交战，而是在惊恐中四散逃窜了。就这样，拿破仑站在了征服奥地利的前夜。

与其说拿破仑用武力征服了对手，还不如说他用勇敢征服了对手。胆量、勇气和魄力无疑是这个时代重要的品质。许多成功人士都是依靠勇气在事业上胜人一筹、取得成功的。

有一个青年跋山涉水去寻找勇气。他用了三个月的时间，找到智者："我不远万里而来，想寻找勇气。"

智者说："先挨我一棒再说吧！"说完打了青年一棒，叫青年明天再来。

第二天一早，他又来到智者跟前。

智者说："先挨我一棒再说吧！"说完打了青年一棒，叫青年明天再来。

第三天、第四天、第五天，青年去敲门，智者均将青年打了一棒之后又打发走了。

第六天，青年去寻找勇气，智者说："先挨我一棒再说吧！"

青年这次没有等智者的棒子打到自己，就一把抢了棒子扔到地上，大声抗议："每次我来你都这样消遣我，我到底要何时才能找到勇气？！"

智者笑眯眯看着青年说："这不，你已经找到了勇气！"

原来，勇气就是敢于行动。成功的人和失败的人，最大的区别不在智力的强弱、能力的大小，而在于是否相信自己，是否敢于冒险，敢于对自己的判断采取果断的行动。勇气就是遭遇困难不会低头。

奥里森·马登被称为现代成功学之父，在他的《高贵的个性》一书中，记录了下面这则故事。

奥弗格纳城的一个卫戍巡逻战士被困在被包围的城堡中，他不断地对敌人进行射击，从一个窗口换到另一个窗口，这样既可以进攻又可以有效地保护自己。而当整个城市的投降协议签署完毕之后，对方要求城堡中的"卫戍部队"也出来投降时，令所有人感到吃惊的是，只有一个人走了出来。就是那个"最勇敢的法国第一枪手"，而且他还扛着自己的武器。奥地利军队的指挥官对着他大叫："你们整个卫戍部队必须放弃城堡！"接着又问："你们的部队在哪里？"这个唯一还在守卫城堡的战士骄傲地答道："我就是。"

一个战士就是一支部队，这个战士是一个多么勇敢的人！这种人无愧于拥有"高贵的个性"的称号。一个高贵的人，一定是一个勇于直面一切的人。

一个永不丧失勇气的人是不会被打败的。就像英国著名诗人弥尔顿所说的——

即使土地丧失了，那有什么关系？

即使所有的东西都丧失了，

但不可被征服的志愿和勇气

是永远不会屈服的。

一位功勋显赫的老兵在回忆一场恶战时，对前来采访他的记者说：在冲出壕沟发起冲锋的瞬间，我当然也害怕，心里也有恐惧，只不过我战胜了心中的恐惧。

强者并非无所畏惧，他们也会有恐惧，他们与弱者的区别是：弱者会听从恐惧的话，屈服于恐惧的淫威；而强者敢于正视恐惧，迎接挑战。就像鲁迅先生所说的："真的勇士，敢于直面惨淡的人生。"明知山有虎，但缘于责任与担当，强者选择的是偏向虎山行。

当你像哥伦布一样，去到人迹未至的大海之中，当然会有恐惧，而且是很深的恐惧，因为谁也不知道后头将会发生什么事。离开了安全的陆地，从某个角度看，陆地上的一切都很好，唯独欠缺一样——冒险。战胜恐惧，接受未知的挑战，就叫勇敢。恐惧会在那里，但当你一次又一次地接受挑战，慢慢、慢慢地，那些恐惧就会消逝。伴随未知所带来的喜悦和无比的狂喜，这些经验会使你坚强、使你完整，启发你的敏锐才智。

我们每个人都渴望成功，但是成功需要敢闯敢试、敢打敢拼，这可不是每个人都具备的。因为闯荡就意味着要离开自己的父母亲人，离开多年熟悉的环境，去独自面对莫测的环境，必然伴随风险。因此，很多人怕承担风险，不敢闯荡，最后与成功失之交臂。

人生需要去闯，要有勇敢的精神，在目标的召唤下勇敢去做、勇敢去闯，敢把自己豁出去。虽然在一开始我们并不知道结果如何，但也需要尝试、试验、挑战，因为能拯救自己的只能是自己。如果因为懦弱和恐惧，缩手缩脚或者等待命运女神的青睐，等来的只能是悲观的结局。

这个故事发生在美国的一所中学里。两个孩子在星期天结伴去爬山，那座山因为风化，时常有岩石坍塌。这两个孩子很不幸地在要下山的时候遇到了岩石坍塌。特别是有个孩子被碎石砸伤了，一动就疼彻心扉。

天气很快就黑了下来，如果到了深夜，寒冷和饥饿也许会让他们眩晕，甚至夺去他们的生命。一个孩子因为恐惧，只是被动地等待着。而另一个被砸伤的孩子却开始勇敢地尝试。他用手支撑着自己的身体，慢慢地向岩石堆上爬去，尽管疼痛刺骨。就在他快要爬上最大的那块岩石的时候，他的伤腿碰到了岩石的棱角，剧痛让他重重地摔落下来。这个孩子躺在岩石堆里，大口大口地喘气。

就在他几乎绝望的时候，他想到自己不能这样无奈地等待，因为寒冷开始让自己的身体变得麻木。这样下去，后果不堪想象。于是，他又开始了一次勇敢的尝试。后来，他终于爬上了岩石，但是，下面是否安全，他完全不知道。可是，他决心豁出去了，他什么也不想，闭上眼睛滚落下去。

他得救了。经过检查，这个得救的孩子左腿胫骨骨折，在滚落岩石时肋骨也折断了两根……得益于这个勇敢的孩子的及时求助，人们找到了那个因为恐惧而奄奄一息的孩子。再晚一会儿，他很可能就会失去生命。

　　在成长的过程中，不论是自然环境还是社会环境，总有一些意想不到的困难在考验你，只有勇敢去闯的人，才会最终走向成功。特别是习惯于依赖父母，在温暖的环境中长大的年轻人，要消除自己的一身娇气，敢闯敢拼，敢于吃苦，才能增加自己成功的筹码。

　　未来属于勇敢无畏者。当你遇到困难的时候，要有豁出去的胆量。这样做，是为了让自己得到锻炼。因此，尽量不要理会那些使你认为你不能成功的疑虑，勇往直前，哪怕失败也要去做做看，其结果往往并不一定是失败。否则，你永远只能是温室的花朵。

　　当然，强者不是天生的，强者也并非没有软弱的时候，强者之所以成为强者，正在于他们善于战胜自己的软弱。

　　球王贝利刚来到桑托斯这支著名的足球队时，那种紧张和恐惧的心情，简直没法儿形容。

　　后来，他回忆说："正式练球开始了，我已吓得快要瘫痪了。"贝利原以为刚进球队只不过练练盘球、传球什么的，哪知第一次，教练就让他上场，还让他踢主力中锋。在这样的情况下，他几乎是被硬逼着上场的。紧张的贝利半天没回过神来，每次球滚到他身边，他都好像是看见别人的拳头向他击来。还有那些使他深感畏惧的足球明星，他生怕他们会轻视他。

　　就是在这样惶恐不安的恐惧心理中，贝利艰难地度过了一天又一天。可是，一段时间后，他只想着踢球，不顾一切地在场上奔跑起来时，便渐渐忘了是跟谁在踢球，甚至连自己的存在也忘了，以为又是在故乡的球场上练球了。

　　慢慢地，随着贝利对新环境的逐渐适应，他的恐惧心理逐渐减少了，球艺也越来越高。而且他还发现，那些大牌明星并没有自己所想象的那样高傲冷漠，他们对他相当友善。原来受那么多的精神煎熬，都是自己吓唬自己。

　　由此可见，畏惧是一种心病，所以只能用"心药"医。这药的配方就是冷静地剖析自我，选择无畏，去战胜懦弱和恐惧。

07

第七章

突破心理限制，构建真正的自我

在人生路上，很多时候我们看不清楚自己到底该做什么，这就会导致我们迷失在人生路上，迷茫度日却无所适从。其实我们每个人都拥有自己的优势，只有找准自己优势的人，才能够不盲目，才能够有所建树。

构建自己内在精神状态的原始图画

根据遗传学理论，人的气质类型包括四种：多血质、胆汁质、黏液质和抑郁质。胆汁质和多血质性格的人，在大难面前会突然激起自己战胜困难的勇气，而黏液质性格的人却会胆怯，从而犹豫不决。

正因为遗传基因，生下来就勇敢无比的人只是少数。正因为多数人的心理都是极为脆弱的，因此，更多的时候，需要一种信念和目标来支撑，让自己变得勇敢和强大起来。只要有了这样一种信念和目标，生命便会产生一种力量。这个理由看似简单，但无论遇到什么样的困难，陷入什么样的艰难境地，都会坚强地站起来。

当人生有了一个坚强的理由，本来懦弱的人也会变得强大无比，所向披靡。

有位中年人在一家五金公司已经工作了十八年，可是，有一天，他居然接到了下岗的通知。顿时，他有一种天塌下来的感觉，整个人都垮了。本来，他的儿子正在上大学，学费还是亲戚凑齐的。爱人没有固定的工作，父母还需要赡养，他是全家的生活支柱。这下，他感到自己前途一片黯淡。从来没有想过去应聘工作的他开始四处奔波，但是，这个年龄应聘成功的概率也很低，所以他非常沮丧。

但是，马上就面临着儿子要交下学期的学费了。他总不能还向亲戚开口吧。这个生性懦弱的人突然感到一股男子汉的血气涌上心头。他感到自己责任重大，他要为儿子树立榜样，不能让儿子因为贫穷的家庭而自卑，更不能让他感到命运的捉弄是无法战胜的，从此失去克服困难的勇气。生活需要他勇敢，不能趴下。于是，这个生来懦弱的人变得强大起来，他开始把自己的弱点转变为优势。他第一次当家做主，拿出家中仅有的 3000 元买了一辆三轮车，开始贩卖蔬菜。

因为他是初次做菜贩，供货的商人或是同行偶尔会刁难、排挤他。但是，与以前不同的是，他不再忍让和退却，而是无所畏惧地面对他们的刁难，捍卫自己的利益。别人看到这个老实巴交的"软柿子"居然像老虎一样威严不可侵犯，菜贩和供货商对他的态度也逐渐好起来。家人也为他的转变而惊讶。

可是，在他看来，这些都没什么大不了的，因为他的心中始终有一个信念，要为儿子做个榜样，让他知道什么是顶天立地的男子汉。正是因为有了这样一种信念，他变得强大起来。现在的他，不但早已脱贫，还成了本市最大的蔬菜批发商。

一个生性懦弱的人也会变得勇敢强大起来，只要你找到那些让你勇敢的理由。一般来说，爱可以增强我们战胜困难的勇气。因此，你在困难的拦路虎面前徘徊不前、犹豫不决时，请想一下你的亲人：他们对你的期望是什么？你让他们骄傲还是让他们失望？如果退缩会让他们失望，你忍心看他们失望的表情吗？

我国短道速滑冠军王濛，在面对强大的韩国对手时，毫不畏惧，就是源于她对父母的爱的报答、对教练悉心指导的报答、对队友友好支持的报答。曾经，在锻炼中，当王濛无法忍受时，教练总是告诉她，想想父母，你做的一切都是为父母，让父母为你感到骄傲！想到此，王濛就增添了战胜困难的勇气。

不论是出于亲人的关爱还是生活对你的需要，你都不能退缩。这就是让你勇敢的理由。信任和鼓励也是让你勇敢的理由。当你因为怯懦而感到无法支持想逃避时，不妨想想那些对你充满渴盼的眼神，想象一下退缩的结果。

其实，我们每个人，都有着自己难以想象的精神能量。只要我们构建了自己的精神体系，我们的潜意识中就会爆发出我们自己都难以想象的精神能量。

懦弱就像黑夜，你越担心，就越恐惧。只要脸朝向光明，把阴影忘得一干二净，便不会再害怕黑夜了！人生也如此，很多时候，我们不是被敌人打败了，而是在未与对手交锋前，就用可怕的想象吓唬住了自己。因此，当你畏惧困难想要放弃尝试时，不妨想一下，你退缩的结果会是什么。

你在面对责任的时候退缩了，你和目标之间的距离是否会越来越远？你在接受任务的时候犹豫了，你在群体里还保有原来的位置吗？你在执行任务的时候总是寻找理由退缩，你还有可能完成任务吗？你总是以胆小鬼的形象出现，别人会怎么看你，你人生的价值又怎么体现？如果懦弱和畏惧让你与成功失之交臂，在别人举杯祝贺时，你却只能在失败的角落痛苦地哭泣，你甘心吗？

生而为人，我们与其他生物最大的区别就在于，我们有精神能量。我们可以用我们的意志力、我们的内驱力、我们潜意识中的动力，促成我们去办成其他生物办不成的那些事情。

永远也不要看低自己，没有人喜欢尘埃中的人。只要构建我们自己强有力的精神王国，一个人也能活得像一支队伍。

所谓格局，是看我们面对否定时的态度

汽车大王亨利·福特还是一个汽车维修工时，有一次刚领了薪水，兴致勃勃地到一家高级餐厅吃饭。不料，他呆坐了差不多 15 分钟，却没有服务生过来招呼他。

最后，等餐厅的其他客人都被安置好后，一个服务生才慢步走到他桌边，不耐烦地将菜单丢到他的桌上，问他是不是要点菜。

亨利·福特刚打开菜单看了几行，耳边传来服务生轻蔑的话语："菜单不用看得太详细，你只适合看右边的部分（意指价格），左边的部分（意指菜色），你就不必费神去看了！"

亨利·福特惊愕地抬起头来，目光正好接收到服务生满是不屑的表情在很清楚地表示：我就知道，你这穷小子，也只吃得起汉堡。年轻的亨利·福特顿时怒气冲天，一股不可遏制的冲动支配着他，他真想挥拳向这个服务生打去。但一转念，他又想起口袋中那微薄的薪水和因此可能要付出失去工作的代价，不得已，只点了一个汉堡。

当时，虽然可以向餐厅投诉这个服务生，但是，亨利·福特没有那样做，他冷静下来，仔细思考：为什么自己不能点真正想吃的大餐呢？不就是因为贫穷吗？因此，亨利·福特当下立志，要成为社会中顶尖的人物，从根本上改变自己的命运。

之后，亨利·福特开始向着自己的梦想前进。最终，他由一个平凡的修车工人成长为叱咤风云的汽车大王。

社会中，每个人或多或少都会遇到不公平的事情。很多人在遭遇不公时，首先想到的就是发怒。其实，发怒固然可以使自己的情绪得以发泄，但是，可能改变不了任何问题。即便那些惹你生气的人表面屈服于你的怒气，内心也许并不服气。因此，正确的办法是心平气和，不和他人一般见识；之后，静下心来考虑让你发怒的原因是什么，并且把这些怒气升华为鼓励自己奋斗的动力。

如果想具有不急不躁、心平气和的良好的心理素质，就要始终从潜意识里暗示自己——我们做这件事，是为了达成我们的梦想。而追逐梦想的途中，遇到困难不重要。

当我们志存高远时，我们会发现，我们的生活真的会改变。我们会注意从小事和细节方面改变自己。比如：在与家人、亲戚、朋友、同事等个人关系处理方面，会注意大度，不苛求他人；我们在心情郁闷时因为有了自我要求而不会大吵大闹，不会率性而为、不加掩饰、直来直去；在与人交往时会彬彬有礼，无论何时都能保持平静的心。

而且，越是遇到挫折和困难时，越需要尽量保持平和的心态，不是生气，而是争气，这样才能维护自身尊严，保持高贵人格。

能够心平气和地看待问题，不仅有利于改变自己爱冲动的弱点，而且你会发现，即便自己处在错综复杂的社会中，也会感觉到做人做事游刃有余。

明代人屠隆在《娑罗馆清言》中说过一段睿智的话，用现在的话讲就是："一个人要实现自己的理想，要找到真理，纵然历经千难万险，也不要后退。奋斗的过程中，要用坚强的意志来支撑自己，忍受一切可能遇到的屈辱，只要坚持下去，就能取得成功。艰难羞辱不但损害不了你人格的完整，还会使人们真正了解你人格的伟大。重要的是，在遭遇苦难侮辱时，把这一切抛诸脑后，得一分清爽的心情。"

屠隆的话告诫我们，当面临恶意诋毁时，你的态度应该是置之不理。有些人对那些无中生有的诬蔑表现得异常激愤，反唇相讥甚至大打出手，其实都是没有必要的。如果换一种角度来看，那些遭人诋毁的人反倒应觉得庆幸，因为正是你极具重要性，别人才会去关注、去议论、去诬蔑。所以不要理会这些无聊的人，事实自会让流言不攻自破。

当别人恶意地诋毁你时，那是因为他们想借此来提高自己的重要性。当你遭到诋毁时，通常意味着你已经获得成功，并且深受别人注意。

一个人若想坚持真理，想比别人做得更好，遭到某些人的恶意攻击是不可避免的。对这一点，我们要有足够的思想准备，我们不能避免这种攻击，但我们能避免这种攻击干扰我们的心态。

一次，法国作家小仲马的一个朋友对他说："我在外面听到许多不利于你父亲大仲马的传言。"

小仲马摆出一副无所谓的样子回答："这种事情不必去管它。我的父亲很伟大，就像是一条波涛汹涌的大江……"

听到别人的流言蜚语，再三客观地分析、判断之后，只要认为自己的做法合理，站得住脚，那么大可以坚持到底，不必理会。

美国第32任总统罗斯福的夫人安娜·埃莉诺曾受到许多批评，但都能够泰然处之。她说："做你内心认为正确的事情，因为你不管怎么做总会受到批评。如果你做，会受到指责；而你不做，还是会受到指责。"

每个人的成长都离不开气量和肚量的扩展。这不仅关系到人们日常的生活情趣和情绪，还关系到人与社会、人与自然及人与人之间的和谐相处。

一般来说，气量狭小、心胸狭隘的人容易愤怒和冲动。而仇恨与敌意如同一面不断增长的墙，阻碍自己的成长。因此，要改变自己的弱点，需要拓宽肚量和气量。

有关实验表明，宽容有利于身心健康，消除仇恨、发怒等不良情绪。此外，美国斯坦福大学曾经做过《斯坦福宽容计划》，通过实验发现，所有参加计划的人中，有 70% 的人受伤害感明显降低，20.3% 的人表示因怨恨带来的身体不适症状有所减轻。

一位青年男子到礼品店选购礼物，他眉宇之间还有一股怨气，似乎刚刚经历了一场重大的人生变故。从这位青年男子走进店里的那一刻，礼品店老板就注意到了他。

突然，这位青年男子原本忧郁的眼神变得明亮起来，原来他看到了特价区一对残损的水晶鸳鸯。看到这种情形，礼品店老板走上前礼貌地问道："请问您想要为什么人选购礼物？"青年男子愤愤地回答说："我要为一对新婚夫妇准备一份令他们铭记终生的礼物。"接着，他又说道，"请帮我把这个摆件包装好。"

礼品店老板可以预料到，那对新婚夫妇收到这样一份礼物时，会是多么伤心。可是老板并没有多说话，只是把礼物包好了。于是，青年男子拿着礼物匆匆离开了。

第二天，青年男子将礼物送给了那对新婚夫妇——女方曾经是自己的恋人，而男方则是自己最要好的朋友。可是，第二天早上，他竟收到了新婚夫妇的感谢电话，说感谢他的宽容和大度，他们因为有他这样一位朋友而感到自豪。

原来，礼品店老板将那对残损的水晶鸳鸯换成了一对崭新的水晶鸳鸯，无声地提醒青年男子要心存宽容。

生活中，存在着一些同行相争、同类相拼的现象，这是谁也不愿看到而谁也无法否定的事实。如果不懂得宽容，我们就难免处处树敌，寸步难行。

其实，大千世界，每个人都有不同的活法儿，每个人都有每个人的选择，何必用自己的人生观去套所有人的人生方式呢？既然苦苦追求也得不到，又何必苦苦强留？就像海有海的滋味，山有山的风格一样，你实在没有必要按照自己的意愿去改变他人，即便有人制造流言蜚语，对我们进行诋毁、讽刺，甚至当面恶语相加，即便是那些令人烦恼的事情发生了，也没有必要因此而大动肝火。想一下：你冲动、愤怒又有何益处？

人生是一次旅行，相逢了，打个招呼；分手了，道一声祝福。以一颗爱心包容人生，人生才有滋有味。

能容人处且容人，宽容是一种优雅的风度，是一种优良的品性。俗话说"宰相肚里能撑船"，一个人的胸怀与心海要容得下社会上所有的事物和所有的人，要仁慈待人、宽厚待人。宽容不仅是高尚者所具备的修养，更是一种处世的原则。宽容别人就是在宽容我们自己，我们在宽容别人的同时，也为自己营造了和谐的氛围，为心灵留下了一点舒缓的空间。

只有把自己一个人的小气量建设好，才能融汇于社会的大气量。一旦克服了自己内心的愤怒和不满，即便曾经由于无知犯下了严重的错误，我们也能够在幡然悔悟过后继续微笑着面对人生。

当人们以这样一种风度去面对环境的喧扰、对手的诽谤和生命的缺憾时，我们就能获得心灵的豁然开朗与宁静。用一颗充满宽容和理解的心去重新看待生活，那我们就会发现，人生原来如此美丽，生活可以这样美好。

持之以恒，才能得到最想要的

麦当劳的创始人克罗克曾有过一句经典的话："世界上没有什么可取代持之以恒。才干不行，有才干的人不能获得成功的事司空见惯；天赋不行，没有回报的天赋只能成为笑柄；教育不行，世界上到处都有受过教育却被社会抛弃的人。只有恒心和果敢才是全能的。"

我们每个人从生下来开始，就不能完全按照我们的天性行事。据说儿童每天被家长纠正次数可以达到三百多次。

人生在世，不能完全按照自己的想法活着。如果太自由，生命就会变得轻飘和浮躁。不能约束自己的人，他们最大的特征就是没有定力和耐力，当然更做不到持之以恒。在他们看来，坚持就能取得成功吗？还是放过自己吧。因此，也就轻率地放弃了。

"持之以恒"这四个字说起来容易，做起来却是非常之难。哪怕是一件小事。

很多年轻人都曾经向苏格拉底请教，如何才能拥有博大精深的学问和智慧。这时候，苏格拉底总是告诉他们："你们先回去每天做 100 个俯卧撑，一个月后再来我这里吧。"

年轻人一听，都笑了，他们认为这是再简单不过的事情了。可是，一个月后，重新去找苏格拉底的人却少了一半。苏格拉底看了看，就对来的这一半人说："好，再这样坚持一个月吧。"结果，又一个月后，回来的人已不到 1/5 了。

简单的俯卧撑是如此容易，但是要做到持之以恒也是如此之难，更不用说干什么大事了。因此，心态浮躁的人需要有意识地培养自己的定力和耐力，克服自己浮躁的弱点。

要克服浮躁就需要有顽强的意志力，敢于坚持、善于坚持，相信持之以恒的力量，相信持之以恒能创造奇迹。同时还要辅以必要的训练，来锻炼自己的耐力。

心态浮躁的人，不妨从身边的小事情开始，有意识地培养自己持之以恒的耐力和定力。总有一天，你会发现，自己就像下面故事中的主人公一样，持之以恒，会迎来意想不到的惊喜结局。

桑尼是一个没有耐性的孩子，做什么事都是三分钟热度。

父亲为了帮助小桑尼改变这个缺陷，一天，把他叫到眼前，给了他一块木板和一把小刀，并对他说："你每天在这块木板上划一刀，只准划一刀。"

桑尼觉得这是一个很好玩儿的游戏，于是每天都在木板上用小刀划一下。

可是，仅仅过了几天，桑尼就觉得不耐烦了，跑去问父亲："为什么不让我多划几刀呢？我实在不知道您到底想让我做什么。"然而，父亲只是笑着对他说："过几天你就知道了。"只是"过几天"而已，桑尼感到有些希望了。而且看父亲一脸神秘的表情，难道结果很有趣吗？于是，小桑尼照着父亲的话做下去。

这一天，桑尼照往常一样把刀划了下去，然而，奇迹发生了：木板居然被分成了两块。连桑尼自己也没想到，这么厚重的木板居然被他薄薄的小刀划开了。

这时，父亲走过来对他说："你看，成功是不是很简单啊？你一直努力，就可以得到自己想要的结果。这就是持之以恒的力量。"

这个神奇的游戏后，桑尼相信了持之以恒的力量，在学习中，每当遇到难题，他都会借助这个神奇的力量来帮助自己。结果，他发现没有什么是不可征服的。

浮躁的人常常朝三暮四，做事不能善始善终，缺乏定力，遇到困难也往往先当逃兵。因此，要培养自己持之以恒的耐力和定力，也需要从成功人物身上汲取力量。凡是历史上成大功、立大业的人物，都有一个共同的特点，那就是坚持，不达成他们的理想、目标、心愿就决不罢休。因此，我们也可以以他们为榜样，有意识地锻炼自己坚强持久的意志力。

在中国历史上，"都江堰"是有名的水利工程，它的建造，是李冰父子承受了许多打击和磨难，持之以恒、敢于坚持的结果。

当时，李冰曾提议在岷江的江心修筑一个人工岛屿，因为岛尾像一个梭子，取名为"飞沙堰"，既能泄洪又能灌溉。可是，老太守对李冰的做法并不理解。而且，那些财主想到飞沙堰一旦完工，老百姓的灌溉就不成问题了，而他们财主的粮食只能烂在粮仓里了。于是，他们筹集了一笔银子送给老太守，说是捐作治理岷江之用。在老太守感激的同时，财主们趁机蛊惑，说李冰治理岷江的方案乃是沽名钓誉、劳民伤财。老太守听了怒不可遏，阻止李冰的行为。但是，李冰没有退却，继续埋头施工。

一天，大雨滂沱，水位迅速上涨。当洪水快要漫过堤岸时，没料想，飞沙堰开始泄洪，水位又降了下来。李冰和儿子见飞沙堰确实起了作用，非常欣慰。但是财主们偷偷派人将飞沙堰挖开决口，顿时，洪水蔓延。人们对李冰的成见更深了。

这下，李冰不但失去了太守的支持，还失去了群众的支持和信任。但是李冰父子没有放弃。李冰继续完善方案，找到了泄洪的关键所在，下令征集劳力开凿伏龙山。这下，顿时民怨沸腾，财主们更是趁机煽动，百姓聚集在太守府要将李冰赶出蜀地。李冰无奈，只好带着儿子亲自开凿伏龙山，同时也设法找出暗中作梗的人以证自己清白，让百姓理解自己的苦心。

最终，李冰父子的执着感动了百姓。老太守这才醒悟过来。后来，他亲眼看见李冰父子为开凿伏龙山而身受重伤的时候，终于为二人的行为所感动，于是带领众人一起开凿伏龙山。

伏龙山开凿完工的当年，岷江遭遇了史无前例的大洪水，但是岷江周围的百姓却安然无恙。自此，成都平原成了真正的"天府之国"。

信守一份执着，就是信守一份希望。因此，越是在困境时越要凡事有自己的眼界，有自己的胸怀，有自己的判断，坚定自己的信念，坚守一种向往，相信自己的坚持能够成功。这样才能拥有明智的慧眼、清澈的心灵，甘受寂寞，远离物欲，用持之以恒的意志力战胜自己临阵脱逃、摇摆不定的浮躁心理。

理解了成长的人，
在人生的每个阶段都会和美好的自己不期而遇

在诸多童话故事中，《渔夫和鱼》这个故事，我一直记忆深刻，因为我认为它折射了人类成长与渴望的相互关系。

从前，有个渔夫和妻子住在海边的一所小渔舍。虽不富裕，但妻子贤惠，日子过得平淡而温馨。渔夫每天都会去海边钓鱼。有一天，渔夫钓到了一条比目鱼。谁知比目鱼竟开口说话："我恳求你放我一条生路。你有任何愿望，我都会满足你。"

渔夫感到好奇，于是听从比目鱼的话，将它放回了海中。

他妻子看到他空手回家就问道："亲爱的，今天你什么也没钓到吗？"

渔夫如实地对妻子说了当天所遇到的事情。

妻子说："你难道没想过改变一下我们的居住环境吗？你该试一试的，向它许愿希望得到一栋明亮宽敞的房子。万一实现了呢？"

第二天，渔夫去求比目鱼，比目鱼果真帮他实现了这个愿望。

渔夫回家看见以前的小渔舍已变成一栋大房子。渔夫对妻子说："咱们就住在这儿，好好地过日子吧。"

他们幸福快乐地生活了一段时间。有一天，妻子突然说："亲爱的，我感觉这房子还是太小，既然比目鱼能实现我们的愿望，我们何不直接要一座宫殿呢？"

渔夫说："我们现在这样的生活难道不好吗？"妻子坚决地摇着头。渔夫不忍心和妻子争吵，只能再次来到海边求比目鱼。

渔夫回去后看见家真的成了一座宫殿。

渔夫就对妻子说："我们再也不用为生活发愁了。"

但之后的日子里，渔夫感觉自己生活得并不如以前快乐，他的妻子变得越来越挑剔。

有一天，她竟然和渔夫说："既然比目鱼能实现我们所有的愿望，那我为什么不能当国王呢？"

渔夫说："为什么要当什么国王呢？"

但妻子一直不依不饶。渔夫没有办法，只能找比目鱼实现妻子的愿望。

实现愿望后的妻子并没有满足，反而越来越贪婪、暴躁，和渔夫也再无之前的恩爱。有一天，她对渔夫喊道："告诉比目鱼，我要成为世界的主人！"渔夫道："我们已经过得很好了，你为什么还不满足呢？"但他的妻子已经不是之前那个贤惠的女人，只听她一声令下，命令士兵押着他去寻找比目鱼。

渔夫在海边喊道："比目鱼啊，请你在大海里好好聆听我的乞求。比目鱼问道："你的妻子又想得到什么呢？"

渔夫低头回答道："她说她想成为世界的主人。"

比目鱼道："回去吧，她已经住回以前的小渔舍。"

像这样的故事，在现实生活中其实屡见不鲜，很多人追求外在的名利，忘记了自己的真正理想，忘了提升自身以控制欲望，以至于迷失了自己。

我想，每个人理想中的自己，一定如春风一样和煦。这是一种真正的美好，不会太焦灼，也不会太用力。

我们理想中的自己，有着强大的理智与自我保护能力，仰望着诗和远方，又能脚踏实地。

这种高级的美，其实只要我们努力，每个人都可以做到。在生活里，我们每个人都可以修炼自己的智商、情商，用我们的智商、情商来为自己保驾护航，赢得这个世界对我们的真正尊重。

其实，真正的成长是自我修复。一个人，不惧怕暴露自己的弱点，就是因为他们还有自省的能力，也有付出爱的能力。人即使能骗过所有的人，最终却还需要对自己的内心保持诚实。因为他们明白，精神独立的人，常常是能屈能伸的，他们可以选择为自己而活，也不畏惧去爱他人。

我们成长、修炼的最终目的，就是把生活还给生活，让自己做自己。

最美好的自己，是美而不自知的。不会被某些范式和浅层次的标准束缚，因为我们深深知道，不真实的，就永远难有真魅力。

真正的成长，能成就最美好的自己。我们需要内外兼修，既有强大的内心，又有处理外务的能力；既有那种原始的活力，也有现代的包容；既不必取悦他人，又不会一脸冷漠。

一个人，光有锦绣皮囊，没有内里乾坤，很难获得持久的欣赏与真正的尊重。我们应该深深明白的是，外在的东西越美丽，常常就越需要强大的自省能力与分辨能力。因为越美的东西，往往就越脆弱。

真正的成长，就是把这种脆弱变成坚强的过程。当我们有了这样的美丽，又有了保护这种美丽的智慧，我们才是真正理解了成长，也才会找到那个真正理想中的自己。

08

逼自己一把，在职场中发挥出

最大效能

人的潜能是巨大的，只是很多时候种种原因限制了它的发展。我们个人的思想就是其中最重要的原因。很多时候，我们无法做出突破，更多的就是因为我们认为自己会碰壁，认为自己不会成功，因此才不做出改变。

你是否还在职场倦怠中沉沦

网上曾经出现过这么一个帖子，引发了诸多网友的共鸣，帖子的主题是："使你感到痛苦的事情是什么？"有网友跟帖回答："加班。"再问："比加班更痛苦的事呢？"答曰："天天加班。"继续问："比天天加班更痛苦的事呢？"答曰："义务加班。"

这段对话一度受到众多网友的追捧，除去搞笑的成分不说，它确实精准地表达了许多职场人士的心声。我相信在职场打拼多年的人或多或少都会有这样一些感觉：下班后回到家里，忙东忙西忙到很晚都不肯上床休息，不是因为精力旺盛，而是不想那么快将一天结束，第二天起来还得面临枯燥的工作；第二天早上起床的时候，闹钟响了好多遍，却一直翻来覆去，不肯起床上班；工作的时候情绪莫名低落，不愿意和同事、老板交流……

我想说，如果这种情况只是偶尔发生，我们完全没有必要将它放在心上，但当我们越来越频繁地发现自己对当下的工作缺少热情和兴趣时，就得拉响警报了，我们八成是染上了一种名叫"职场倦怠"的情绪病毒。此病毒虽然不会对我们产生致命伤害，但它会于无声无息中吸走我们身上的精神气儿，让我们陷入昏天黑地的沉睡里。

吕言一在一家公司担任销售助理，在她刚参加工作那会儿，她感觉自己每天都像在"度蜜月"，时时刻刻充满激情。家境贫寒的她，渴望通过自己勤劳的双手，让身在农村的父母过上富足幸福的日子。

可天不遂人愿，工作的第二年，她最初的工作热情就开始慢慢地减退。面对满桌子的销售报表，以及销售经理千年不变的严肃嘴脸，吕言一觉得自己每天活得就像一个麻木无感的机器人。然而，身边的老同事们纷纷安慰她，这才是漫漫职场生涯的第二年，再坚持一下，苦熬个几年，老板最后一定会给她加薪又升职。

吕言一心想，既然经验丰富的前辈们都是这么过来的，那她应该也能挺过去。就这样，抱着这种苦熬的心态，吕言一又在销售助理的岗位上干了整整五年。现在的她，比起头两年来更显疲惫和憔悴，工作一如既往的单调和枯燥，简直让她不胜其烦，有时候真恨不得点一把火，把办公桌上堆积如山的报表烧得一干二净。

工作是如此令人厌恶和反感，吕言一再也提不起对工作的兴趣，不仅如此，她还渐渐对生活丧失了信心，觉得生命就像一口枯井，了无生趣。和办公室的同事打交道，她也不复昔日的热情，经常表现出一副懒洋洋的样子，根本就是有气无力、神情恍惚、兴致全无。

照这样看，吕言一绝对是感染上职场倦怠这种情绪病毒了，如果不赶紧开方抓药，她的工作状态肯定会大受影响，职业前途也岌岌可危。

我可不是在危言耸听，如果吕言一再这样工作下去，职场倦怠一定会掏空她身上的精气神儿，让她终日活在压抑、疲劳、萎靡的消极低落的情绪中，从此昏昏欲睡但又无力自拔。其实，产生职场倦怠的最大原因，还是因为我们长年累月地重复同样的工作，从而渐渐地失去新鲜感，职业疲劳也就因此应运而生。

看似走不出去的迷宫，实则还是有它的解决之道，对于朋友吕言一的困扰，我觉得她实在是思虑过多。事事岂能尽善尽美？如果这份工作真的已经把她逼到了岔路口，她就只有两条路可走：要么辞职另谋出路；要么转变心态，好好地在这个岗位上生存下去。要知道，职场倦怠最喜欢眷顾那些对自己职业生涯的规划犯糊涂的人。趁着人犯迷糊的空档，它就偷偷地见缝插针，在人的心里种下疲惫和厌倦的种子。

因此，为了避免职场倦怠的如影随形，我们应该科学地规划一下自己的职业生涯，了解自己的特长和优势，尽量从事自己擅长的工作，主动寻找工作中的满足感和成就感。这样，我们才不会那么频繁地对工作产生心理上的厌恶和排斥，最后影响到自己的工作效率。

另外，工作和生活应该分属两个世界，我们一定要学会自由切换。工作之余，不要把紧张、焦虑的情绪带进生活中，不管工作多么忙碌，记得抽出一点时间，让自己的身心尽情地沐浴在闲适轻松的氛围里。

每一个在职场摸爬滚打的人，都有可能感染上职场倦怠的情绪病毒，这就跟我们平时生病一样，担心、害怕以及逃避对身体的痊愈其实没有一点好处，能够勇于直面问题的人最终才能从沉睡的状态中走出来，改头换面，获得新生，让清晨的第一缕阳光直射心底。

职场中，傻一点也无妨

如果有人问我：什么人最快乐？我想自己脑海里的思绪一定会像电影《阿甘正传》开头一幕里的那根羽毛一样，飘啊飘，随风飘过树梢，飞向青天，最后落在阿甘的身上。

没错，我认为世界上最快乐的人，应该是一个永远不会把事情想得过于复杂的人。就跟电影《阿甘正传》里的阿甘一样，尽管他的智商只有 75，尽管他被人们唤作"低能儿"，但就是这样一个智商不及常人的人，却拥有那么丰富和快乐的人生经历，实在是有福气。

在人们世俗的眼光里，庄稼只有成熟了才能收割，蔬菜只有成熟了才能食用，同理，人只有成熟了才会靠谱儿。事实果真如此吗？平时的工作生活中，我们却常常看见许多自诩成熟聪明的人，每天都活在内心的苦闷中，一听他们开口说话，就感觉他们的世界里堆满了各种各样的烦恼，怎么扫都扫不干净。

而反观那些表面上看起来不怎么机敏聪慧的人，他们的心胸却比许多所谓成熟聪明人士来得宽阔，为人处事虽说少了几分严谨，冒着几分傻气，但他们活得比谁都要快乐。身边的人都喜欢和他们打交道，因为他们时时刻刻都在绽放向日葵般的灿烂笑容，和他们交谈一会儿，人们就能从中汲取积极乐观的生命力，扫除自己内心的阴霾。

我就曾经遇到过这么一"朵"迷人的"向日葵"，她是我的同事，名叫苗小阳。真的是人如其名，和她相处了那么久，我从来没有见过她有情绪低落的时候。

大家都知道，人事助理的工作其实并不轻松，每天都要重复那些事儿，上网浏览应聘者的简历，搜集合适的应聘者的资料，之后还要不停地打电话，安排应聘者前来公司面试等等。虽然我曾经也在这个岗位上做了多年，可是现在回过头来想想，确实让人有点儿疲惫，当年我还为此叹过不少气呢。

可为什么苗小阳干得那么快乐呢？别的同事有的资历还没她深，都经常聚在一块唉声叹气，抱怨这个，埋怨那个，工作起来毫无激情可言，活生生就是职场倦怠的表现，她却像一个小陀螺一样，整天在办公室忙忙碌碌、乐乐呵呵的，仿佛不知愁为何物。

有一次，苗小阳跟我请假，说孩子突然生病了，在家没人照顾，她得赶回家去，带孩子去看病。我当时一听，立马就准了她的假，但让我有些纳闷儿的是，她的神情非常淡定，丝毫看不出有任何的慌张，于是，我忍不住好奇地问："小阳，你的孩子生病了，你怎么看起来一点也不着急呢？"

苗小阳微微一愣，大概是没有料到素来严谨的我会问她这个问题，她笑着解释道："人一急啊，反而容易出乱子，孩子只是感冒，我带他去医院做个检查就行。要是遇到事儿只是左想右想，愁来愁去，把自己的好心情给赔上了，脑子也就不清楚了！"

我听了她这一番话，心里也忍不住在暗暗为她喝彩，看来，一个人过得非常快乐不是没有道理可循啊。从她乐观豁达的生活态度里，我似乎找到了她对待重复单调的工作还不厌倦的原因。很多职场人士之所以会对自己的工作产生倦怠的感觉，除了工作本身太过单调和乏味之外，其实最大的原因在于一个人的心境。

在我见过的人中，不乏比苗小阳更为聪慧伶俐的人，他们的工作能力比苗小阳要高出一等，但是他们的工作状态和工作效率却远远不及苗小阳出色。苗小阳时时刻刻都在享受着自己的工作，并不觉得每天做着同一件事儿很无聊。她在工作的时候，从来不会夹带进去任何的负面情绪。别的同事或许一边浏览应聘者的简历，一边在心里大骂工作的烦闷和无趣，苗小阳却只会认认真真地搜集应聘者的详细资料。

当她整理出许多在她看来比较合适的应聘者的资料时，其他的同事总是笑她傻：工作干吗那么辛苦？随随便便找几个应付老板不就行了吗？苗小阳却并不这么认为，因为她丝毫不觉得这份工作辛苦。在搜集应聘者的资料时，她喜欢将他们的简历看得仔仔细细，包括出生年月、所学专业、兴趣爱好、工作经历以及自我评价等。

了解到这些基本信息之后，她总是能将应聘者的每一次初试变得非常的轻松快乐，她和应聘者谈天说地聊心情，不管他们最后有没有面试成功，她还能和这些人成为很好的朋友。后来，还有不少的应聘者经常跟她保持联系，逢年过节都会给她送来温馨的祝福。

俗话说"傻人有傻福"，我想苗小阳就是这么一个有福气的职场"傻"人。她在工作中，摒除掉了许多束缚人心的杂念，工作的时候，她就努力地工作，吃饭的时候，她就专注地享用美食，和同事聊天的时候，她更是纯粹地享受人与人之间的交流以及彼此思想上的碰撞。

世界没有那么复杂，复杂的永远是人的心。我们总是习惯瞻前顾后，想这想那，工作的时候不好好工作，偏偏要受制于比如"好无聊"这样的负面情绪，搞到最后，不仅工作没有结出丰硕的果实，还赔了夫人又折兵，把自己的好心情搭了进去。

对于职场人来说，做人不妨"傻"一点，只有回归到简简单单的工作中去，放空自己纷杂的思绪，将一片冰心悬挂在宁静的夜空，我们才会享受到福气满满、快乐足足的生活。

时刻保持头脑清醒

公司里总有年轻的同事向我请教职场成功的法宝，有一个小姑娘甚至非常直白地问我："您工作这么多年，难道就没有感到无聊的时候吗？"这真是一个好问题，我也不是一个圣人，即便这份工作是我个人的兴趣所在，我也没法儿保证能够时时热情待它。

和所有处于职场倦怠期的人一样，我也曾经历过一段情绪低迷、焦躁不安、压抑郁闷的时光。不过我比较幸运，当我发觉自己已经快要丧失对工作的激情，进入职场"休眠期"的时候，我决心拯救自己，勇敢地对内心的倦怠宣战。

好在我还有一颗比较清醒的头脑，始终记得曾在网上看过的一句话："一个能控制住不良情绪的人，比一个能拿下一座城池的人强大。"这句话犹如给我注入了一剂强心针，在我即将颓废地坠入沉睡前，及时地拉了我一把。

我是一个对自己要求比较严格的人，虽然谈不上事事追求完美，但确实希望自己在工作的时候，能够将大大小小的事情都牢牢地掌控在手里。天生的缺乏安全感，让我对未知的事情充满了恐惧，工作那么多年，我的脑子里始终绷紧一根弦，生怕工作上出现了什么纰漏，影响到自己的工作业绩。我非常在乎公司老板对我的评价，所以我希望自己经手的每一件差事都能完美无瑕，找不出任何的差错。

因此，相较于其他人的职场倦怠，我觉得自己并不是因为工作本身的单调无趣而丧失对工作的热情，而是因为我自身的性格太过吹毛求疵，太过奴役自身。打个比方，常人要用一天的时间才能完成的工作，我偏偏想充分挖掘自己的潜力，逼迫自己用三分之二的时间完成。但结果是什么呢？说出来不怕大家笑话，我的理想目标不仅没有实现，最后还多用了半天的时间。

众所周知，人都有倦怠之心，几乎没有人能够做到一连几个小时都专注地工作。大多数时候，我们在进行长时间的工作之后，其实都要给自己腾出一点休息的时间，劳逸结合才能取得事半功倍的效果。而我却把一天的任务挤压在三分之二的时间里，根本就没有为自己留下调整的时间，因此，每次一看到计划的时间快要用完，自己的工作却没有多大进展，我就会变得非常焦虑和不安。

一旦这种情绪涌来，我就会对手头的工作产生一种抗拒的心理，紧接着，自己的工作效率也会直线下降。而工作效率不好，又加深我精神上的焦虑感，如此循环往复，只能陷入一个恶性循环，最后导致自己的身心严重透支。

记得那一阵子，我在工作上经常出错，完全不复以往的滴水不漏。是上司的再三警告让我渐渐地从神情恍惚中走出来。为了摆脱职场倦怠对我的消极影响，我开始努力地让自己的头脑保持在清醒的状态，并且时时提醒自己不要沉睡不醒，不要在阴暗晦涩的心境里沉沦，浪费大好的年华。

从那之后，我就决心控制自己的不良情绪，誓做一个比“拿下一座城池”还要强大的人。通过深刻的自我反省，我终于弄清楚了自己被职场倦怠绑架的症结所在，其实，当时的我最需要的应该是积极的自我暗示。学会欣赏自己，懂得善待自己，适度地进行自我肯定，才是我克服职场倦怠的核心武器。

另外，我还学会了合理地安排自己的工作时间，如果工作时间过长，事后我一定会及时地给自己放个小假，让自己舒展一下身心，补充一下元气。毕竟马儿无草不肥，花儿无肥不茂，工作太久的我们也不是一块永不断电的电池，当然需要偶尔停下忙碌的脚步，为能量即将耗尽的自己充充电，日后也好在工作上精神抖擞地继续行进。

这就是我获得职场成功的法宝之一，清醒的头脑让我对自己的职业理想有着抽丝剥茧般的认识。我清楚自己想要什么，也明白自己需要为此付出什么，更深知自己该如何去做才能得到我心之所求。

在我的字典里，从来没有一步登天这个成语，有的只是踏踏实实，一步一个脚印。从一个小小的人事助理开始，通过自身的努力奋进，我慢慢走到今日人事主管的高位，其间也经历了不少的大风大浪。但我并不惧怕风雨的来袭，因为我的头脑并不混沌，清醒的意识告诉我，职场的腥风血雨不算什么，最重要的是自己有足够的气力可以跋涉过去。

由此可见，职场倦怠症其实也并不是什么妖魔鬼怪，它永远不能迷惑坑害住头脑清醒之人，更别妄想驾驭住头脑清醒之人的情绪。平时的工作生活中，对于所恐惧的职场倦怠症，我们应当大胆地扒开它看似邪恶的外衣，然后果断地挥舞手中的清醒之剑，集中注意力，一举击中它的要害，最后让它乖乖地臣服在我们的脚下。

不要让“霉运”连连

多米诺骨牌作为一种游戏曾经风靡全球，只要轻轻推倒一个骨牌，那么后面的骨牌也会跟着倒下去，从而形成一种视觉上的奇观。

在我们的工作当中，也会出现“多米诺效应”。工作当中的“多米诺效应”指的是一个行为带来的一系列不可逆的后果。而这些后果，往往是出于我们的初衷，所以也是令我们头疼的一种情况。

我的朋友伍小鹤曾经给我讲过她的一段工作经历。

那段时间，小鹤的父亲由于突发心脏病住院，小鹤又远在外地不能回家。心中虽然惦记着父亲，行动上却不能给父亲太多的安慰，这让小鹤很是纠结。

工作还得继续，生活也不能停下。小鹤只能先安慰自己不要多想，然后每天照常上下班。但是事情总不能遂她的愿，没过多久，小鹤就搞砸了自己手上的一份任务。由于心不在焉，她竟然忘了同公司一名重要的经销商联系，最后惹得老总勃然大怒。

本来这种错误别人也犯过，在这种情况下，其实只需要做一些补救措施，再跟老总道个歉，主动承认一下自己的错误就行了。但小鹤此时心态却出现了反常。她觉得自己没有回家陪着老父亲就是为了做好这份工作，这一点，老总他们也不是不知道。既然这样的话，那么他们应该体谅她的不幸，更不应该怪她。

想到这里，小鹤就下定了决心，坚决不道歉。

最后的结果可想而知，老总认为小鹤知错不改的态度十分恶劣，很快就给了她一句话："要么承认错误，要么走人。"

而已经被麻烦搅昏了头脑的小鹤在此时也没能冷静下来，当着老总的面，愤怒地收拾起自己的东西，毅然决然地选择了离开。

小鹤跟我说起这件事的时候，其实是满脸的悔意，她说，只是由于父亲生病的事儿搅得她内心不稳，最后麻烦事一桩桩一件件地出现，最终导致了自己的辞职。其实父亲在住院两天后就平安了，而公司这边，老总其实是个很宽容的人，他并不是揪着小鹤的错处不放，只是想让她认识一下自己的错误而已。

但是，结果已经发生了，最后一块骨牌也倒了下来，再后悔也是无济于事了。

而在工作当中，和我朋友有类似经历的人相信也不在少数。古语说："一步错，百步歪。"很多时候，就是因为走错了一步路，最后步步错，步步歪。

那么，该怎样提前预防并杜绝这种情况的发生呢?

1. 我们应该弄清楚，第一张骨牌到底在哪里。也就是说，我们必须找到导致后面一系列"悲剧"的根源。只有找到根源了，我们才能对症下药。

有的人可能会说："我知道问题出在哪儿，但就是控制不住自己的情绪，管不住自己。"

其实，有这种感觉的人都是在工作当中缺乏自制力的人。试想：假如我们明知自己的一个行为可能会带来我们无法承受的后果，那么相信很多人在这时候都会进行利弊权衡。我们陷入多米诺骨牌效应当中往往是因为我们对后果考虑得不是很严谨，想不到后果，也就对自己将要做的事少了顾忌，最终"悲剧"还是可能发生。

2. 当我们遇到烦心事时，最好的办法就是停下来。为什么要停下来？因为当一个人陷入连环"霉运"的时候很容易陷入一种无措、烦躁的状态，而这种状态就像是多米诺骨牌效应，一个压倒一个，导致"霉运"接踵而至。

而停下来则能够让人充分冷静下来，可以让我们有精力去思考为什么会出现这一系列的状况，只要我们不做什么，"霉运"也会自动停止。

其实，很多时候，我们的霉运都来自我们的不专心，就像走路的时候玩手机容易撞到别人一样，三心二意地做什么事肯定会遭遇到麻烦。所以这个时候我们就更要停下来，专心去做一件事，把别的事情放在脑后。

"屋漏偏逢连夜雨"，这貌似一种连环霉运，但我们不可能去责怪屋漏和连夜雨，怪只能怪我们自己：第一，我们没有对屋子进行过细致的检查，没有这个前提，就算只是一场小雨也能让屋子漏雨；第二，我们也应该注意一下天气，如果提前知道会下雨，那我们只要对房屋做一下修葺就行了，怎么还会落得个"落汤鸡"的下场？

当然，这只是一种形象的比喻。这个比喻说明我们的"霉运"大部分都是由我们自己造成的，所以要想解决霉运不断的问题，就必须先从自己入手，在被霉运搞得焦头烂额的时候静下心来想一想，问题到底出在哪儿，也只有停下来才是我们面对连环霉运时的最好选择，也是杜绝多米诺效应的最好办法。